Pour Maureen,
Je pourrais t'aimer 209 ans et 12 jours,
Peut-être même un peu plus.

ISBN : 9798 32505 412 9
Terra Incognita
Première édition : mai 2024
Dépôt légal : mai 2024

Prologue

La vie après la mort, Alexandre n'y croyait pas. La mort après la vie lui semblait bien plus plausible.

La science avait pourtant décidé de lui donner tort : l'immortalité était cette nouvelle frontière que l'humanité se devait d'explorer.

Ce désir d'atteindre la vie éternelle a toujours peuplé nos mythologies. Qu'elle se fasse appeler fontaine de vie ou fontaine de Jouvence, cette idée symbolisait le refus de l'Homme de faire face à sa propre finitude.

Les religions ont ainsi fait la promesse d'une vie après la mort pour offrir une source d'apaisement. Mais alors que l'humanité devenait de moins en moins spirituelle, c'est la science qui allait se mettre en quête de cette même immortalité.

Et aussi surprenant que cela puisse paraître, elle y était arrivée.

Le corps humain est une machine. Et à partir du moment où vous le traitez comme tel, il suffit de remplacer ses pièces d'usure à temps et de maintenir l'ensemble de ses fonctions vitales.

Si vous souhaitez conserver votre corps humain, il faut l'entretenir de la même manière qu'une voiture de collection.

Progressivement au cours du vingt et unième siècle, la médecine a trouvé le moyen de créer un substitut pour la peau, les muscles, les os, le sang, les poumons, le cœur et le cerveau.

Pour Alexandre, la vie éternelle était donc jalonnée de rendez-vous médicaux visant à changer ses organes les uns après les autres.

Il avait commencé comme tout le monde : par de petits ajustements cosmétiques qui le faisaient paraître aussi jeune qu'il se sentait l'être.

Puis son cœur avait montré des signes de fatigue jusqu'à ce qu'il fasse une première crise cardiaque dans la fleur de l'âge, à seulement 84 ans.

Il l'avait alors remplacé par une version synthétique beaucoup plus résistante.

À partir de là, les rendez-vous s'étaient multipliés. Cela avait d'abord été ses poumons, puis ses yeux, puis ses reins, puis son cerveau.

Ce qui avait constitué Alexandre pendant la première partie de sa vie n'était plus. Il ne restait plus rien de l'homme qui était tombé amoureux d'Astrid. Le cœur qui s'était emballé alors qu'ils s'apprêtaient à s'embrasser pour la première fois avait été balancé dans la poubelle d'un hôpital au milieu des compresses et autres déchets de l'opération depuis bien longtemps.

La peau de ses mains, qui avait parcouru l'intégralité du corps d'Astrid en caresses, était retournée à la poussière.

Même son cerveau qui stockait la totalité de leurs souvenirs ensemble avait été remplacé par un organe synthétique.

De son côté, le corps d'Astrid avait suivi une voie similaire jusqu'à ce que le divorce se transforme en une évidence mutuelle.

Est-ce que leurs deux corps étaient devenus tellement étrangers qu'ils ne se reconnaissaient plus ?

Il s'agirait là d'une interprétation poétique de cette séparation. La réalité était plus simple : après 145 ans de vie commune…
n'importe qui aspirerait à autre chose.

Alexandre avait ainsi 176 ans lorsqu'il s'était retrouvé seul dans la maison qu'ils avaient achetée ensemble.

C'est aussi à partir de ce moment-là qu'il avait commencé à tenir un carnet de bord de sa vie.

Il écrivait la date, puis quelques évènements marquants de chaque journée. Il s'obligeait à faire cet exercice pour essayer de maîtriser le défilement du temps.

S'il ne le faisait pas, il avait l'impression de résider dans le film La machine à explorer le temps, tiré du livre de H.G. Wells, où les saisons se succèdent à toute vitesse devant ses yeux.

À peine a-t-il vu arriver les premières neiges hivernales que le printemps semble réveiller la terre avec un enchevêtrement de nouvelles feuilles et fleurs, jusqu'à parvenir à l'été dans un même souffle.

Il se souvenait confusément d'un sentiment qu'il avait eu pendant sa jeunesse : que les vacances d'été s'étiraient sur une très longue période de temps. Mais dès l'âge de trente ans, il avait discerné une accélération dans le passage des mois.

La raison lui avait été donnée dans un livre : la perception du temps est relative.

Quand vous avez 4 ans, une année constitue le quart de votre vie : 25% de toute votre existence. Quand vous avez 50 ans, une année n'en représente plus que 2%… cela commence à être négligeable.

Vous avez éprouvé tant de choses que, par comparaison, votre conception d'une année évolue.

Du haut de ses 176 ans, une année représente à peine 0,56% de la vie d'Alexandre. Alors s'il ne fait pas un effort conscient pour ralentir le temps, sa vie pourrait s'écouler aussi rapidement qu'une poignée de sable qui s'échappe de vos mains.

Le problème avec cette nouvelle perception, c'est qu'à force d'avoir autant de temps à disposition, il avait l'impression de ne plus avoir le temps de rien.

Il avait la sensation de sortir tout juste de sa dernière opération du cœur lorsqu'il lui avait fallu s'inquiéter de l'état de ses muscles et de son épiderme.

Le fait est que, en choisissant de retarder indéfiniment sa mort, il était entré dans une course contre l'obsolescence programmée de son corps. Il devait sans cesse s'assurer qu'aucun organe n'arrive à la fin de ses capacités.

Il était déjà à son troisième cœur. Après avoir remplacé celui d'origine par un synthétique, il avait dû le changer une nouvelle fois au bout de 50 ans. Bien heureusement, la science avait encore fait des progrès et la dernière version qu'il s'était vu implanter avait une durée de vie estimée de 100 ans cette fois.

Le temps de voir venir, n'est-ce pas ?

Sauf qu'il avait l'impression que l'opération datait d'hier… alors que 42 ans avaient passé. Il était quasiment à la moitié de la durée de vie de ce cœur-là aussi.

Ce qui signifiait une seule chose : il lui fallait commencer à économiser pour pouvoir se permettre l'opération le moment venu. Parce que l'immortalité promise ne ressemblait en rien à celle qu'il avait pu découvrir dans les livres de science-fiction. L'immortalité coûtait excessivement cher. Chaque nouvelle opération coûtait plusieurs centaines de milliers d'euros… un chiffre qui frôlait parfois le million.

L'immortalité ne ressemblait donc pas à de longues après-midi
oisives, passées à profiter de la vie au bord d'un étang… mais
plutôt chahuté dans les rapides d'un fleuve, se heurtant à droite,
puis à gauche, sans pouvoir jamais reprendre sa respiration.
Alexandre enchaînait les missions pour différentes entreprises. Les
contrats longue durée n'existaient plus depuis bien longtemps…
remplacés par une force de travail entièrement free-lance,
embauché à la mission… comme des mercenaires en col blanc.
Il avait ainsi décroché un contrat de trois jours par semaine
pendant vingt-quatre mois pour concevoir de nouveaux
programmes pour une entreprise du transport. Cinq mille euros net
par mois. Il passait deux autres jours à accompagner des étudiants
dans leur apprentissage du P/AE, son langage de programmation
de prédilection. Deux mille deux cents euros. Le vendredi était, lui,
consacré à des missions de dépannage informatique complexes
qu'il réalisait pour le compte de l'agence leader sur le marché.
Mille cinq cents euros. Il gagnait ainsi huit mille sept cents euros
net par mois.
Il vivait pourtant dans un appartement de onze mètres carrés. Une
seule pièce avait été optimisée pour y faire rentrer une chambre,
une cuisine et une salle de bain. Inutile de préciser qu'il travaillait
et regardait la télévision depuis son lit, tout comme il prenait ses
repas sur ce même couchage.
Mais c'était le prix à payer pour pouvoir continuer à payer les
factures médicales qui arrivaient avec la régularité d'un
métronome.
Et lorsqu'il estimait le fait que vivre dans cet appartement exigu lui
permettait d'éviter de se retrouver dans un cercueil d'un mètre

quatre-vingt-cinq sur soixante centimètres, il considérait qu'il y gagnait au change. C'était du moins son état d'esprit la plupart du temps.

Cette existence allait pourtant toucher à sa fin par une froide matinée d'octobre. Il ouvrit les yeux en inspirant profondément, sentant l'air s'engouffrer par sa gorge pour venir gonfler sa poitrine. C'était désormais de cette façon qu'il se réveillait chaque matin. Avec la peur de s'étouffer. Ce n'était pas sans raison. À peine deux mois plus tôt, il s'était éveillé sans aucun air dans ses poumons. Ses voies respiratoires semblaient désespérément sèches et inutiles. Il suffoquait.

Son système nerveux avait envoyé un message automatique et un drone d'urgence était entré par la fenêtre pour venir emporter son corps à l'hôpital le plus proche. Heureusement, celui-ci se trouvait à une minute à vol d'oiseau de là.

Il avait pourtant passé l'intégralité du trajet à contempler le ciel au travers de la paroi en verre de l'appareil, persuadé qu'il s'agissait de ses derniers instants.

Une opération plus tard, et il était de nouveau sur pieds. Allégé de quelques dizaines de milliers d'euros qui lui avaient permis de s'offrir de nouvelles voies respiratoires.

Alors quand il s'éveille en sentant l'air venir gonfler sa poitrine, il sourit presque en remerciant la science de lui permettre de voir encore une journée.

L'horloge indique 05:00 en chiffres mauves. L'heure à laquelle il a pris l'habitude de commencer sa journée de travail.

Il se prépare un petit déjeuner tout en parcourant rapidement ses courriers électroniques.

Il remarque presque immédiatement l'email envoyé par son employeur principal. Cela n'avait rien d'inhabituel, mais l'objet du message était un seul mot anglais, la langue de son employeur : « Termination ».

Son cœur manqua un battement à la lecture de ce simple mot.

Le contenu du courrier n'allait pas le rassurer, loin de là. Comme le laissait entendre l'objet, son contrat était stoppé sans préavis.

L'entreprise s'était fait racheter par un conglomérat la veille au soir, et ils avaient mené une vaste réorganisation de l'activité pendant la nuit. Son contrat n'était pas maintenu alors qu'il lui restait normalement encore quatorze mois.

Alexandre se voit immédiatement submergé par une pensée : cinq mille euros.

C'était le montant mensuel qui s'évanouissait subitement devant ses yeux.

Il ne se laisse pourtant pas abattre. C'est l'avantage lorsque l'on a vécu 176 ans : il a déjà vécu cette situation une bonne douzaine de fois. Cela fait presque 150 ans qu'il a rejoint le monde du travail après tout.

Il est 05:08 et plutôt que de se mettre au travail, il ouvre une plateforme d'emploi pour se mettre en quête d'une nouvelle mission.

Au vu de ses compétences, il ne se fait pas de souci.

Il découvre pourtant très vite que bien peu d'entreprises recrutent sur des projets en P/AE ou bien même en Klava, l'autre langage de programmation qu'il maîtrise particulièrement bien.

Toutes les missions semblent demander une expertise en UL15 ou en G01em, deux nouveaux langages qui ont émergé très récemment.

Il n'a cependant jamais eu le temps de s'y former puisqu'il a toujours été six jours sur sept à travailler pour ses clients.

Il ne comprend pas cette folie ! Comment est-ce possible qu'il n'y ait que des projets pour ces deux langages qui viennent à peine de voir le jour ?

En se renseignant rapidement, il découvre que le UL15 a déjà cinq ans et que le GO1em frise avec les sept.

Comment a-t-il fait pour rater cela ?

Il n'est pourtant pas né de la dernière pluie, il sait pertinemment l'importance de se former tout au long de sa vie pour ne pas tomber en désuétude. Quand on se prépare à vivre plusieurs siècles, il serait absurde de penser que quelques années d'études en tout début de vie allaient lui permettre d'accumuler les compétences pour une éternité de missions free-lance.

Il regarde le coût des formations en UL15. C'est cher, mais ce n'est pas totalement déraisonnable. Il découvre aussi le temps de formation : quatre jours par semaine à plein temps pendant six mois. C'est tout simplement inconcevable… il ne peut pas consacrer autant de temps à sa formation en ce moment. Il doit impérativement trouver une mission rémunératrice pour couvrir sa prochaine opération… puis la suivante.

Alexandre poursuit sa quête en élargissant ses critères de recherche. En acceptant de ne pas chercher uniquement les missions longues, il découvre un job payé mille euros la journée, pour trois jours.

Il postule et reçoit une réponse sept secondes plus tard. « Vous avez gagné cette mission ».

C'est une maigre victoire… mais il a pourtant désespérément besoin d'une victoire pour ne pas sombrer.

Aucun humain n'a été utilisé pour lui fournir cet emploi : un algorithme a comparé l'ensemble de ses compétences et de ses précédentes missions pour découvrir si son profil était en adéquation pour celle-ci.

Il reçoit aussitôt les éléments et se met à travailler la seconde suivante. Il n'a pas un instant à perdre.

Il termine vers dix-neuf heures dix et décide d'enchaîner immédiatement par un moment de formation. Il ne prend pas le risque de se payer celle sur le UL15, mais en choisit une très courte qui lui semble prometteuse en soupirant au moment de voir la validation du paiement.

Son compte en banque est désespérément bas suite à cette transaction, mais il essaye de se convaincre qu'il n'a pas vraiment le choix… il s'agit d'un investissement sur lui-même qui lui permettra de continuer à gagner sa vie.

« Gagner sa vie », une expression qui n'a jamais encapsulé autant de vérité qu'aujourd'hui. En effet, à la seconde où il ne trouvera plus de travail, son corps le lâchera d'une manière ou d'une autre.

Il n'a plus l'impression d'être propriétaire de son corps. Il a le sentiment que son corps est en location. Et si jamais il venait à ne pas payer le loyer, il se verrait expulsé de son enveloppe corporelle comme on chasse un SDF qui squatte une maison vide.

Deux heures plus tard, il relève le nez de son écran. La formation est complexe, il n'est pas sûr d'avoir encore la patience d'apprendre de nouvelles choses.

C'est à ce moment-là qu'il découvre qu'il n'a absolument rien mangé depuis près de vingt-quatre heures.

Il ouvre son réfrigérateur pour le découvrir vide, à l'exception d'un pot de cornichons et d'un autre de moutarde.

Il s'apprête à se commander un plat lorsqu'il revoit les chiffres de son compte en banque défiler vers le bas au moment où il se payait la formation.

L'instant d'après, il se retrouve à plonger un cornichon dans la moutarde. Son estomac accueille la nourriture avec avidité avant de protester devant le contenu de ce qu'il lui offre.

Alexandre se promet de faire un meilleur repas demain, même s'il n'a aucune idée de comment il va se le permettre.

Ses yeux tombent de sommeil et lorsqu'il surprend son reflet dans l'écran noir face à lui, il peut voir combien les poches se sont creusées de plus en plus bas sur ses joues.

Il se rend pourtant une dernière fois sur la plateforme d'emploi pour découvrir un job payé deux cents euros pour deux heures de débogage. Il accepte la mission en se disant qu'il venait de trouver un moyen de remplir sa promesse d'un meilleur repas.

Il engloutit un dernier cornichon avant de laisser à nouveau ses doigts pianoter sur le clavier avec frénésie.

Il s'endormira à la seconde où les cent vingt minutes s'achèveront avec la notification de sa banque d'une rentrée d'argent.

Quand il se réveille le lendemain matin, sa gorge est sèche et douloureuse. Il se redresse sur son séant pour sentir combien il n'a absolument pas eu sa dose de sommeil. Nous sommes dimanche, la seule journée qu'il s'offre chaque semaine pour se reposer… mais pas cette fois. Il ne peut tout simplement pas se le permettre.

Il va se laver tout en essayant de se remotiver pour cette journée. Il sent pourtant un élancement dans son abdomen. Qu'est-ce que cela pourrait être ? Un rein ? Son estomac ? Son foie ? Son pancréas ? Il n'en a aucune idée, mais il n'a pas l'intention d'aller chez le médecin pour le savoir. Il n'a tout simplement pas de quoi remplacer la moindre pièce de son anatomie pour le moment.

Il préfère faire le choix du déni. Il se regarde donc en souriant dans le miroir et se dirige vers son poste de travail.

Les bonnes nouvelles n'arrivant jamais seules, il découvre un message lui apprenant que ses cours de P/AE qu'il donnait deux jours par semaine avaient été annulés devant le manque de demande.

S'il n'avait aucun doute sur la fragilité de son corps, c'est le moment que son mental choisit pour craquer. Il retient un sanglot avant de se laisser aller à pleurer sur son lit. Son visage est enfoui dans sa couette et il sent les larmes rouler sur ses joues. Il hurle de manière étouffée.

Qu'a-t-il fait pour en arriver là ? Il veut simplement rester en vie. Il se redresse, ouvre la plateforme d'emploi avant de la refermer aussitôt. Il ne peut pas continuer comme cela. Il envoie un message à sa sœur pour lui proposer de se retrouver pour le petit déjeuner. La solution se présente à peine une minute plus tard :

— Je peux être chez Mimétisme dans vingt minutes. OK pour toi ?

A-t-elle perçu le désespoir de son frère dans son message ?

Toujours est-il qu'Alexandre est reconnaissant d'avoir une réponse positive.

— OK !!! rétorque-t-il avec une effusion de points d'exclamation qui ne lui ressemble pas vraiment.

Il sent encore l'odeur du cornichon et de la moutarde dans sa bouche et entreprend de se brosser les dents avant de partir.

Il décide aussi de se changer pour être un peu plus présentable. Il attrape une chemise bleu foncé avant de découvrir qu'elle est complètement élimée au niveau du col et des manches.

Il jette un œil au reste de sa garde-robe pour se rendre compte que tout est dans le même état.

Il n'a pas eu la tête à s'acheter de nouveaux vêtements sur les dernières décennies. Il les portait donc jusqu'à ce qu'ils tombent en lambeaux.

Il déniche une chemise un peu moins usée et la passe aussitôt. Il ne veut pas arriver en retard au restaurant indiqué par sa sœur.

Mimétisme est une vaste cafétéria à l'ambiance boisée. Le long mur qui court à côté des tables est entièrement végétalisé et des plantes grimpantes semblent s'agripper aux colonnes qui soutiennent l'édifice. Les grandes tables de bois brut sont assaillies de monde buvant des boissons à base de café, chocolat ou thé matcha.

Augustine l'attend sur une petite table à l'écart, le nez plongé dans le menu. Quand elle relève la tête et reconnaît son frère, un large sourire illumine son visage :

— Alex ! Je suis si contente de te voir.

Ces mots, cette chaleur, le fait de se faire appeler par son diminutif… Alexandre se sent soudainement mieux.

Ils se prennent dans les bras et s'embrassent sur les deux joues.

— Comment vas-tu ? lui demande Augustine avec le même entrain.

— Bien, bien, et toi ? répond-il par réflexe.

Que peut-il lui dire ? Déballer toute la vérité alors qu'ils sont ensemble depuis moins de dix secondes ?

— Bien bien, rétorque Augustine même si, là aussi, il s'agit d'un mensonge.

Ils ne se sont pas vus depuis près d'un an et ils sont toujours sincèrement heureux de se retrouver. La vie a sa manière de vous séparer des gens que vous aimez et de vous empêcher de les voir autant que vous ne le voudriez.

Alexandre attrape le menu et le scanne du regard. Sa première pensée éclate comme une bulle de savon : les prix sont excessivement chers !

Comme si Augustine avait deviné ses pensées, celle-ci s'écrie :

— C'est moi qui t'invite au fait… j'étais tellement contente de recevoir ton message.

Alexandre accueille la nouvelle avec un sourire. Peut-être que sa sœur réussit bien en ce moment et qu'elle pourrait l'aider dans sa mauvaise passe ?

Il commande un chocolat chaud maison qui, il le sait, est réalisé à partir de vrai chocolat fondu, et un brownie.

Il avait choisi le brownie pour avoir vu la taille des parts dans une assiette voisine. Il avait besoin de quelque chose de lourd dans l'estomac pour lui faire oublier le « festin » de la veille.

De son côté, Augustine choisit un café noir et son trio de madeleines. Un choix beaucoup moins coûteux que celui d'Alexandre qui culpabilisa aussitôt.

— Alors, quelles nouvelles dans ta vie ? le questionne Augustine, tandis que le serveur vient de repartir son calepin à la main.

Il hésite un instant avant de décider que cela ne sert à rien de lui cacher la vérité :

— Eh bien je viens de perdre mon job principal. Je… je vais trouver autre chose… mais ce n'est pas simple en ce moment.

Augustine accueille la nouvelle avec une grimace.

— Ah ! J'espérais que tu t'en sortes mieux que moi… je traverse aussi un passage à vide.

Sa sœur est auteure de fantastique et de science-fiction. Elle avait eu sa période de gloire un peu avant les années 2100, mais aucun écrivain ne peut imaginer maintenir son succès pour l'éternité. Cela fait littéralement un siècle qu'elle n'a pas eu ce que l'on pourrait appeler un best-seller.

Alors bien sûr, elle a continué d'écrire. Elle a même plus de cent cinquante romans à son actif, mais seulement une poignée a connu un vrai retentissement médiatique. Cela a commencé quand l'une de ses histoires a été choisie pour une adaptation en série. Puis elle a surfé sur la vague en produisant des suites et histoires dérivées, mais vingt ans plus tard, personne ne veut entendre parler des aventures de Camelia Carnel.

Elle s'est alors retrouvée à écrire des scénarios de séries, de films, des livres pour adolescents, des livres pour la jeunesse, et même quelques livres de développement personnel. Il faut bien l'avouer, elle cherchait désespérément un créneau où elle pourrait renouer avec le succès. Si on lui avait promis de belles ventes en écrivant des guides de voyage ou des listes de shopping, elle se serait aussitôt mise devant son clavier.

Un silence gêné s'était installé entre Alexandre et Augustine.

Ils étaient tous deux venus à ce déjeuner avec l'espoir de trouver son frère ou sa sœur dans une meilleure situation financière que la sienne. Les deux venaient d'être désillusionnés sur cet espoir.

Que restait-il encore à dire ?

Augustine n'a jamais su encaisser un silence. Elle se sent toujours obligée de combler les vides. Elle s'écrie :

— J'ai vraiment bon espoir de tenir LE roman qui va me relancer.

Alexandre accueille la nouvelle avec un sourire usé. Combien de fois a-t-elle prétendu que la prochaine histoire serait celle qui changerait tout ? Il n'allait pourtant pas lui faire remarquer. Augustine a besoin de se raconter des histoires pour tenir… et ce n'est certainement pas lui qui va chercher à la démoraliser.

Il hésite un instant à lui demander le thème de ce nouveau roman, mais il abandonne l'idée. Il ne se sent pas la force de feindre l'enthousiasme en écoutant les grandes lignes de cette nouvelle fiction.

Il cherche à changer de sujet, mais, pris au dépourvu, s'engage sur la seule voie plus périlleuse encore :

— Tu vois quelqu'un en ce moment ?

Le visage d'Augustine s'assombrit aussitôt. Par deux fois sa sœur avait été mariée. Et par deux fois cela avait causé les périodes les plus heureuses de sa vie. Mais par deux fois, elle avait succombé aux charmes d'hommes Naturels.

Un Naturel est une personne qui a fait le choix de refuser la prolongation de sa vie grâce aux augmentations physiques de son corps.

Augustine a très tôt fait le choix d'être augmentée.

Mais si elle n'arrive pas à se résoudre à mourir de sa mort naturelle… son goût du romanesque et de la poésie lui fait prendre entièrement conscience de la valeur de l'éphémère.

Comment peut-on décemment apprécier ce qui est toujours là ?

L'eau courante s'est révélée être une révolution pour les villages qui étaient raccordés pour la première fois. Pour les villes qui ont l'eau courante depuis des siècles, il s'agit d'une commodité. Et personne ne tombe follement amoureux des commodités.

Augustine a donc été dévouée corps et âme à Paul et William, ses deux amours qui avaient respectivement partagé trente-huit et quarante-neuf ans de sa vie.

La mort de William a pourtant irrémédiablement brisé quelque chose en elle. Elle l'a vu vieillir alors qu'elle restait sensiblement la même.

Elle le suppliait de bien vouloir changer au moins son cœur… ces choses sont si fragiles. Augustine haïssait l'idée de voir William disparaître si vite, elle voulait juste un petit peu plus de temps à ses côtés. Juste une vingtaine d'années de plus. Le temps de pouvoir refaire le jardin comme ils en parlaient depuis si longtemps.

Mais c'est par un soir d'octobre que William avait expiré son dernier souffle.

Il était dans son fauteuil avec une couverture sur les jambes. Il paraissait si âgé.

Augustine, de son côté, semblait n'avoir pas dépassé la cinquantaine et elle avait passé la journée en ville avec des amies. Elle était en train de lui raconter une anecdote que lui avait confiée son amie Sophie quand elle se rendit compte que cela faisait depuis déjà quelques minutes que William n'avait rien dit. Même pas le petit mmm-mmm qu'il faisait la bouche fermée pour signifier qu'il lui prêtait l'oreille, qu'il l'invitait à poursuivre.

— Est-ce que tu m'écoutes au moins ? lâcha Augustine avec un peu d'impatience.

Elle était sur le point de prononcer une autre phrase, mais celle-ci resta au fond de sa gorge, lourde comme une pierre qui allait lui retomber sur l'estomac.

Cette nuit-là, le seul son qui allait sortir de ses lèvres serait un gémissement, long et brisé. Ce n'est qu'au petit matin qu'elle trouverait la force d'appeler quelqu'un pour l'aider à préparer le corps pour son enterrement.

Et là, alors qu'elle est en train de boire son café face à son frère, Augustine se met à penser au corps de son défunt mari. Un corps qui a dû rapidement changer de couleur avant de se décomposer. William est retourné à la terre, mangé par les vers.

Cette pensée en fait naître une autre… presque plus morbide. Elle avait lu dans une revue du siècle dernier que, à cause des nombreuses augmentations synthétiques qu'elle avait apportées à son corps, celui-ci ne se décomposerait probablement pas avant le prochain millénaire. Elle connaîtrait le même sort que ces burgers de fast-food, tellement bourrés de conservateurs qu'ils restaient identiques sur des décennies.

— Tu vois quelqu'un en ce moment ?

Telle était la question posée par Alexandre. Ce dernier n'a pourtant pas insisté lorsque sa sœur ne lui a pas répondu et qu'une ombre est passée dans son regard.

Alexandre décide alors de changer totalement de sujet… juste pour s'assurer de renouer le contact avec Augustine.

— Tu te souviens combien nous étions paniqués par cette idée de changement climatique ?

L'idée la réveille de son apathie et elle rétorque :

— Tu veux dire au début des années 2000 ? On pensait que les catastrophes naturelles allaient nous éradiquer de la planète !

— On pensait que de nombreuses villes allaient se trouver sous les eaux.

— On était persuadés que l'inaction allait nous amener à un effondrement complet de la civilisation, renchérit Augustine.

Alexandre engouffre une belle cuillère de brownie avant d'ajouter :

— Le transhumanisme nous a sauvés.

Sa sœur sourit :

— C'est quand même dingue de se dire que les chefs d'entreprises et les gouvernements ne faisaient rien pour empêcher la destruction de la planète… jusqu'au jour où ils ont découvert qu'ils seraient peut-être encore de ce monde pour en subir les conséquences. Les grands milliardaires vont être les premiers à pouvoir se payer la promesse de la vie éternelle. Et il se trouve que ces mêmes personnes sont souvent celles qui ont le plus surexploité les ressources de la planète pour leur profit personnel.

La perspective de laisser une planète en piteux état à leurs enfants ou petits-enfants, cela n'a aucun poids dans leur choix. Mais quand vous découvrez que ce futur sera aussi VOTRE futur… cela change tout. Les dirigeants les plus court-termistes se sont mis à échafauder des plans pour permettre la survie de leur entreprise sur le très long terme.

D'une posture très proche du « après moi le déluge », ils se sont découvert une nouvelle expression : « il n'y aura jamais d'après moi » que l'on trouve sous une autre forme dans l'emblème de l'une des plus puissantes familles d'Europe : « je serai toujours là ».

L'expression désespère Alexandre et Augustine qui en voient les dérives avec un oncle richissime dont ils sont la seule famille. Pour le dire de manière crue : ils ont espéré secrètement assister, un jour ou l'autre, à la mort du tonton pour toucher une partie de l'héritage. Sauf que la mort lui semble maintenant hors d'atteinte. Le frère et la sœur ont essayé de lui emprunter de l'argent il y a bien longtemps, mais c'est peine perdue.

Alors aujourd'hui, à une période de grandes difficultés, ils n'évoquent même pas l'éventualité de recontacter cet oncle.

Augustine s'exclame soudainement avec entrain :

— Il te faut un cœur et je dois me préparer pour remplacer mon cerveau. Il ne nous reste plus qu'à trouver un lion qui cherche du courage et on pourra se lancer à la recherche du Magicien d'Oz.

Alexandre éclate de rire devant cette référence à une vieille histoire que leur racontait leur mère. Cela semble être il y a une éternité. Et tout bien réfléchi, c'était effectivement il y a une éternité.

Augustine a depuis bien longtemps mangé ses madeleines et regarde Alexandre terminer son brownie.
Elle n'est déjà plus totalement présente à ce moment avec son frère… elle se demande silencieusement quelle est la prochaine étape. Comment va-t-elle trouver de l'argent pour se maintenir en vie ?
Ce qu'elle ne sait pas, c'est que la personne face à elle a des pensées miroir aux siennes.
Ils s'embrassent finalement avec chaleur avant de se séparer.
— C'était vraiment trop chouette de te voir ! s'exclame-t-il.
— Il ne faudra pas attendre aussi longtemps avant la prochaine fois, renchérit-elle.
Mais déjà, leurs esprits sont ailleurs. Leurs « au revoir » ont quelque chose de vaguement lugubre… comme des adieux que l'on aurait mal dissimulés.

Lorsqu'il retourne à son appartement, la situation est strictement la même qu'avant son départ. La seule différence notable, c'est qu'il a le ventre plein d'un réconfortant brownie.
Il ne se laisse donc pas totalement aller à la déprime… Un sentiment qu'il connaît bien et qu'il imagine toujours sous la forme d'une forêt sombre. Il n'a pas encore mis le pied dedans, mais il sait pourtant qu'il en est à l'orée… à un pas de ces premiers arbres noueux et menaçants.

Alexandre scanne l'objet des mails qu'il a reçus pendant son petit déjeuner et se réjouit de n'y découvrir aucune mauvaise nouvelle.

Pas d'annulation de contrats, pas de factures, pas d'alertes médicales… juste des publicités et des lettres d'informations qu'il supprime sans même les ouvrir.

Il n'a aucune idée de l'étape suivante de son périple. Il a les idées floues.

Il décide alors de faire une courte session de méditation, une pratique qui lui a souvent permis de retrouver son calme.

Il se met en position du lotus sur son lit, inspire profondément avant de fermer les yeux. Là, il relâche l'air de ses poumons artificiels très lentement par la bouche.

Dans sa très longue existence, Alexandre a connu de nombreux professeurs de yoga et de méditation qui lui ont inculqué une myriade de méthodes différentes. Il choisit de commencer par faire le vide dans son esprit avant de se lancer dans une séance de méditation conversationnelle, une pratique découverte avec Aleska, une jeune péruvienne dont il avait fait la connaissance à l'âge de soixante-dix ans.

La méditation conversationnelle est bien simple : il s'agit de mettre en place un dialogue intérieur.

— Tu possèdes toutes les réponses à tes propres questions, lui martelait-elle en souriant. Il te suffit de te poser les bonnes questions et d'écouter.

Le principe lui avait semblé complètement stupide la première fois qu'elle le lui avait décrit… Il s'était pourtant décidé à essayer. Peut-être par curiosité ou tout simplement pour ne pas vexer la jeune femme.

La méditation conversationnelle s'était révélée être un guide pour les décennies qui suivraient. L'introduction à ce concept s'était faite alors qu'il vivait une période compliquée avec sa première femme. Il flirtait avec le mot en D. Un mot qu'il tentait de ne pas considérer, qu'il repoussait le plus loin de ses pensées. Pourtant, au fil des mois, le mot interdit s'épelait à lui comme pour devenir une évidence. Et alors qu'il faisait cette première session de méditation avec Aleska, le mot en D apparaissait dans son entièreté pour la première fois… pour la première fois il acceptait de le formuler.

— Est-ce que la meilleure solution pour Astrid et moi, c'est le Divorce ?

Il avait posé cette question qui lui semblait insoluble, qui l'intimidait par peur d'en connaître la réponse.

Il se laissa pourtant submerger par cette question ce jour-là… et à sa grande stupéfaction, une voix -sa voix- vint lui répondre comme s'il s'agissait d'une évidence :

— Non, je ne pense pas que ce soit la solution. Mais je crois que nous avons besoin de temps à nous… de prendre chacun des vacances de notre côté pour reprendre contact avec notre Moi. D'abord se retrouver individuellement, pour mieux se retrouver ensemble. Un conseil qui lui sembla plein de bon sens et qu'il accueillit avec surprise dans la mesure où il se l'était prodigué à lui-même.

Convaincu par l'efficacité de ce dialogue intérieur, Alexandre était régulièrement revenu vers cette pratique en période de trouble.

Cela fait pourtant des années qu'il ne l'a plus exercée. Il ne sait pas très bien pourquoi il s'est éloigné de quelque chose qui lui avait donné tant de bien par le passé.

Il décide alors de se livrer à une nouvelle session.

Il inspire profondément, puis expire doucement.

Il laisse le silence l'avaler tout entier pendant une minute avant de se poser cette simple question :

– Que dois-je faire ?

Il se sent d'abord découragé par l'immensité de cette question.

– Que dois-je faire ? Que dois-je faire ? se répète-t-il comme pour se raccrocher à ces mots pour ne pas se rendre compte que sa situation est insoluble. Il éprouve malgré tout un sentiment de panique monter en lui aussi rapidement que la marée peut venir démolir un grand château de sable. Tout semble s'effondrer en lui.

Il énonce une dernière fois la question en marquant une pause entre chaque mot :

Que. Dois. Je. Faire ?

Il inspire à nouveau profondément, puis expire doucement.

Une voix familière s'élève alors de l'intérieur de son crâne :

— Il n'y a aucune solution facile à ton problème. Tu ne peux pas t'attendre à un Deus Ex Machina… il était insensé de penser qu'Augustine avait suffisamment d'argent pour te sauver… tout comme il ne sert à rien de vérifier ses mails toutes les cinq minutes en espérant voir arriver un héritage. Il n'y aura pas de miracle. Comme toujours, tu es la seule personne à pouvoir solutionner tes propres problèmes. Et si on évacue tout de suite les fausses réponses, les derniers espoirs que l'on pourrait placer dans une loterie par exemple… il te reste une chose à faire. Tu le sais depuis que tu es tout petit…

À ce moment de la méditation, Alexandre esquisse un sourire parce qu'il comprend dans quelle direction va cette conversation.

— L'unique solution, c'est le travail. Il te faut de l'argent. Et l'approche pour en gagner de manière certaine, c'est de travailler. Alors tu vas mettre en place un plan pour te sortir de cette crise. Tu vas t'imposer une sorte de loi martiale personnelle pour te sortir de ce mauvais pas. Le désespoir n'est pas le bienvenu ici… il n'y a de place que pour ce qui t'aidera à survivre.

Il ouvre les yeux et son sourire est toujours aux coins de ses lèvres. Il se sent apaisé.

— Le désespoir n'est pas le bienvenu ici, répète-t-il dans un souffle, comme un mantra.

Alexandre vient créer un nouveau document sur son ordinateur et se met en ordre de bataille. La page blanche face à lui ne lui fait pas peur. Il a besoin d'un plan et il va travailler pour le trouver pendant les quatre-vingt-dix prochaines minutes.

Les touches du clavier cliquettent avec frénésie sous ses doigts. Il sent une énergie nouvelle l'envahir et le plan se déroule sous ses yeux au fur et à mesure qu'il l'écrit.

Lorsqu'il se retrouve bloqué, il se remet en état de méditation conversationnelle pour poser la question à son moi intérieur… ce moi qui a la sérénité d'analyser froidement la situation, sans paniquer. Et à chaque fois, les réponses ne se font pas attendre.

Il décide alors cinq choses primordiales qui vont guider l'année à venir :

En numéro un, il va réaliser la formation en UL15 qui lui permettra de récupérer des missions. C'est quatre jours par semaine pendant six mois, mais il le faut s'il veut se maintenir en vie.

Cela lui laisse trois jours par semaine pour gagner suffisamment d'argent pour se payer la formation, financer les opérations médicales nécessaires, et avoir de quoi se nourrir et se loger.

D'où la décision numéro deux de ne plus prendre le dimanche pour se reposer. Il n'a plus le loisir de s'arrêter un jour par semaine. Il va cependant s'accorder une heure par jour de temps pour lui… du temps de loisir pur qui va représenter sa valve de sécurité pour ne pas exploser.

Numéro trois. Pendant cette heure journalière, il va essayer de voir régulièrement des membres de sa famille. Ce moment avec Augustine lui a rappelé combien cela pouvait faire du bien que de parler avec un être aimé.

Quatre. Une fois sa formation terminée, il se prépare à vivre encore deux mois intenses à travailler pour se mettre un pécule de sécurité de côté. Au terme de cette période, il fera redescendre la pression en s'offrant à nouveau la possibilité de ne pas travailler le dimanche.

Et enfin, décision numéro cinq, il va faire appel à la méditation conversationnelle à chaque fois qu'il sentira la panique le prendre à la gorge.

Alexandre regarde les cinq éléments posés noir sur blanc sur le document de son ordinateur avec un air satisfait. Le simple fait de dresser cette liste lui a donné le sentiment d'être en train de reprendre le contrôle.

Il ferme alors le document et va immédiatement faire les démarches pour se payer la formation en UL15 qu'il commencera dès le lendemain.

Mais en attendant de pouvoir la commencer, il retourne écumer la plateforme d'emploi pour se trouver des jobs pour s'occuper jusqu'à la nuit tombée. C'est au final jusqu'à tard dans la nuit qu'il sera les yeux rivés à son écran.

Les mois suivants défilèrent à un rythme effréné. Chaque moment conscient était envahi par sa formation ou son travail. Il a très vite découvert que les quatre jours de missions free-lance ne sont pas suffisants pour subvenir à ses besoins. Quand sa journée d'école, comme il a pris l'habitude de la désigner, se termine… il se met immédiatement au travail sur d'autres missions. S'il ne dort pas, il travaille. Et s'il ne travaille pas rien qu'un instant, il voit naître un affreux sentiment de culpabilité.

Dans ces rares instants oisifs, il a le sentiment de sentir ses organes en train de se décomposer à l'intérieur de lui.

Pendant ces six mois, Alexandre fut obligé de changer ses reins et ses rétines. Ainsi, dès qu'il pensait avoir juste un tout petit peu d'argent d'avance pour être en sécurité, son compte en banque repartait de zéro.

Ce qui signifie que son heure quotidienne de repos a disparu des radars.

Même son alter ego, qu'il atteignait en méditation conversationnelle, était d'accord avec cette mesure.

— Que dois-je faire ? lui avait-il demandé. Si je ne prends pas ce temps pour moi, j'ai peur pour ma santé mentale.

Une demi-seconde plus tard, la voix lui répondit :

— Être en bonne santé mentale ne te servira à rien si tu es mort.

Cela l'avait convaincu : il s'inquiéterait de sa santé mentale un autre jour.

Au bout de quelques mois, il s'était aussi décidé à réduire l'ensemble des dépenses non essentielles. Il avait ainsi lâché son appartement de onze mètres carrés pour emménager dans plus petit.

Il avait un instant douté qu'il puisse exister quoi que ce soit de plus petit que onze mètres carrés, mais il s'était ensuite rappelé la publicité qu'il avait vue pour les chambres capsules. La vidéo de présentation laissait entendre un confort maximal pour un coût dérisoire. Mais en arrivant sur place, Alexandre avait failli rebrousser chemin.

Il faut s'imaginer un long couloir avec des centaines de petites portes qui couvrent le mur de haut en bas, comme des casiers à l'école, ou des plateaux coulissants à la morgue.

Il y a ainsi six portes les unes en dessous des autres que vous pouvez atteindre grâce à l'une des échelles mises à disposition. Une fois que vous ouvrez la porte apparaît une chambre pas plus grande que la taille d'un lit pour une personne. À l'intérieur, vous ne pouvez être que dans une position allongée. C'est exactement ce que vous pouvez vous imaginer d'un espace dortoir dans un vaisseau spatial… ou bien d'un caveau.

À côté de son lit, il y a des tiroirs pour ses vêtements, une porte pour avoir accès à un réfrigérateur et même un micro-ondes intégré. Sur le plafond quand il est allongé sur le dos, il a un écran juste à portée du regard.

Le prix est effectivement dérisoire, et il comprend bien pourquoi. Cela lui permet toutefois de faire de belles économies. Cela l'oblige simplement à trouver un espace de coworking pour venir passer sa journée de travail.

Alexandre n'a pas d'autres postes de dépense à réduire puisqu'il continue à se nourrir de la manière la plus minimaliste possible. Il peut pourtant se targuer de n'avoir renouvelé un repas cornichons-moutarde que deux fois sur la période.

Au terme de la formation, il a commencé à retrouver plus de missions longues, mais ce n'est pas aussi réjouissant que ce qu'il espérait.

Il enchaîne les petites missions du matin au soir sans s'arrêter. Les moments de pause étant consacrés à trouver d'autres missions pour le lendemain.

Pendant les premières semaines, Alexandre a réussi à s'imposer un rituel. Il se réveille à cinq heures du matin, va immédiatement se doucher avant de rejoindre l'espace de coworking à deux pas de « chez lui » (même s'il rechigne à utiliser cette expression pour désigner sa chambre capsule).

L'occupation de l'espace est gratuite, et il ne faut payer que ses consommations. Sur une journée, cela signifie souvent cinq ou six boissons chaudes avec pêle-mêle des cafés, des thés ou des chocolats chauds selon l'envie du moment. Il commande également un plat le midi et une pâtisserie pour le goûter : il a besoin de cette énergie pour travailler. Cela représente un vrai budget mensuel pour lui, mais il est ravi du temps passé dans ce lieu où il peut rencontrer du monde et avec qui il engage éventuellement une conversation.

Une prochaine opération à l'estomac l'oblige finalement à
réévaluer une nouvelle fois ses dépenses et à freiner ses
consommations de boissons chaudes et de nourriture.
La tentation est beaucoup trop grande quand il est sur place, il
décide de travailler ailleurs.
Par défaut, il se retrouve à travailler depuis « chez lui ». Si la
position ne lui semble pas des plus confortables au début, il
s'équipe d'un clavier duo qui a été imaginé justement pour cette
situation. Un clavier duo est scindé en deux en son milieu pour
venir en placer une moitié sous chaque main. Il peut ainsi rester les
bras le long du corps et venir pianoter sans s'arrêter tout en fixant
l'écran au plafond.
C'est dans cette position qu'il passe maintenant le plus clair de son
temps. Faisant le pendule entre la fenêtre de ses missions en cours
et celle de son compte en banque. Il réussit à mettre de l'argent de
côté, le montant sur son compte arrivant à décoller
progressivement et s'éloigner de zéro… mais le jeu des dépenses et
des recettes l'amène à faire constamment trois pas en avant, deux
en arrière… et parfois deux pas en avant, et trois en arrière.
Alexandre perd du poids, ses joues se sont tellement creusées que
la peau en vient à former un masque tiré sur son visage émacié.
Seuls ressortent ses deux yeux brillants, qui semblent
soudainement plus jeunes que le reste de son corps.
Il s'aventure si rarement au dehors que, quand il le fait, ses jambes
peinent à le porter. Il se sent instable, faible.
Cet état le conforte dans l'idée de rester le plus souvent possible à
l'intérieur de son lit, histoire de maximiser le temps qu'il peut
consacrer à son travail.

Les jours défilent et Alexandre les passe dans une succession de brèves phases de sommeil et de longues périodes de travail intensif. Les missions longues sont toujours aussi difficiles à trouver, mais il arrive sans trop de problèmes à signer des contrats de quelques heures à quelques jours pour venir lui permettre de garder son compte en banque à flot.

Il commence enfin à voir le bout du tunnel. Les quatre chiffres qui constituaient son solde se transforment en cinq chiffres et cela lui fait retrouver le sourire. Il est en mesure de financer ses prochaines opérations, tout en récoltant un mince matelas de sécurité en cas d'imprévu.

Encore quelques semaines et je pourrai souffler, se fait-il la réflexion.

Ce qu'il ne savait pas, c'est qu'il était sur le point de vivre quelque chose de nouveau. Et, quand on a 176 ans, vivre une nouvelle expérience représente quelque chose d'exceptionnel. Quand vous atteignez un âge aussi avancé, tout est une variation d'une expérience déjà vécue des décennies plus tôt. La nouveauté est un concept qui semble vidé de toute substance.

Il repense pourtant régulièrement à la première fois qu'il est tombé amoureux. Un amour qui n'était, certes, pas réciproque et qui l'avait fait affreusement souffrir. Elle s'appelait Fanny Calvin et il l'aimait éperdument. Même s'il elle ne le remarquait pas, il avait le sentiment de lui être destiné. L'adolescence avait été une période bien étrange et douloureuse.

Il y avait évidemment eu son premier baiser. C'était avec celle qui allait devenir sa femme et il n'avait jamais ressenti la même chose ensuite. Il avait été traversé d'un courant électrique qui s'était propagé depuis ses lèvres jusqu'à toutes les extrémités de son corps.

Sa première expérience sexuelle. Qui n'avait pas été aussi plaisante que cela, mais cette première fois avait ouvert le début de l'exploration de cette dimension de sa vie.

Il y avait eu la première glace de chez Geai-Lato, avec son enseigne à l'oiseau bleu et ses parfums aussi recherchés que délicieux.

Il y avait eu le premier décès dans sa famille et son incompréhension devant la mort. Le fait qu'il ne se sentait pas équipé pour comprendre les sentiments confus qui le submergeaient.

Il y avait eu son premier job… qu'il avait quitté deux mois plus tard par un manque d'alignement avec les valeurs de l'entreprise. Il avait regretté d'être aussi sensible à cet idéalisme que lui avait transmis sa mère.

Alexandre avait connu de nombreuses premières fois pendant la première moitié de sa vie.

Pourtant, aujourd'hui, il allait vivre un évènement qui lui était totalement inconnu.

Pour la première fois, Alexandre allait mourir.

* * *

À cet instant précis, Augustine envoyait un message à son petit frère. Elle avait tellement apprécié ce petit moment à ses côtés. Ils s'étaient promis de se revoir vite, mais un an s'était déjà presque écoulé et ils ne s'étaient jamais recontactés.

Certaines personnes auraient pu vouloir y déceler un signe : Augustine aurait senti que son frère n'allait pas bien ce qui l'amena à lui écrire à la seconde où il expirait ses derniers souffles. Elle n'en saura pourtant jamais rien puisque plusieurs mois passèrent encore avant qu'elle ne se décide à le relancer par message, puis à l'appeler.

N'ayant pas de réponse, elle se décide enfin à joindre le service d'accueil de son immeuble. Elle découvre alors qu'Alexandre a déménagé, mais il a laissé l'adresse d'un appartement capsule tout proche comme nouveau lieu de résidence.

Elle passe un nouvel appel qui semble être une impasse :

— Je suis désolé, Madame, mais je ne peux pas vous en dire plus. Le virement du loyer est toujours actif… et comme je ne connais pas nos locataires de vue, je ne pourrais pas vous dire si je l'ai vu récemment.

— Mais est-ce que vous pouvez aller voir dans son appartement ? insiste-t-elle.

— Je n'en ai pas le droit, assène l'agent d'accueil aussitôt. Sauf en cas d'extrême urgence… je n'ai pas l'autorisation d'ouvrir le logement de nos locataires.

Augustine s'apprête à abandonner quand elle se questionne sur la définition « d'extrême urgence ». Elle n'est pas particulièrement inquiète jusqu'à cet instant.

Elle trouve curieux de ne pas avoir de réponse, mais elle est persuadée qu'il y a une réponse tout à fait anodine à cela.

Soudainement, la peur la prend à la gorge :

— Et s'il lui était arrivé quelque chose ? articule-t-elle.

— Comment cela ?

— J'ai des raisons de croire que mon frère n'est pas en bonne santé.

Ces mots peinent à sortir de sa bouche… même si elle utilise l'euphémisme « pas en bonne santé » pour masquer la réalité qui s'immisce dans son esprit comme de l'eau qui s'engouffre dans un barrage craquelé.

— Nous avons le droit de jeter un œil, mais seulement en présence de quelqu'un de la famille.

— J'arrive, lâche-t-elle.

Augustine se sent fiévreuse. Elle remonte la rue pour se diriger vers l'appartement de son frère dans un état second. Plus tard, c'est à peine si elle se rappellera être montée dans une voiture autonome pour s'y rendre. Elle oubliera aussi avoir cherché à écouter de la musique pendant la moitié du trajet avant d'abandonner.

Sur place, elle déteste la vue du couloir et de ses dizaines de portes les unes en dessous des autres. Le simple fait de s'imaginer son petit frère vivre dans ces conditions lui serre le cœur.

Arrivée devant la minuscule porte identifiée comme D38, elle laisse l'agent d'accueil monter sur l'une des échelles pour frapper à la porte. Une fois. Deux fois. Trois fois. Pas de réponse.

Celui-ci se retourne vers elle en haussant les épaules.

— Ouvrez ! intime-t-elle dans un souffle.

Il s'exécute sans un mot et la lourde porte s'ouvre en grinçant.

Cela faisait depuis déjà quelque temps maintenant qu'elle avait la certitude que son petit frère était mort. Pourtant, quand la porte s'ouvre et qu'une odeur de pourriture animale lui parvient aussitôt, elle sent son petit déjeuner remonter et brûler son œsophage avant de venir se stopper contre ses dents. Par pudeur, elle se force à ravaler, sentant brièvement le goût du jus d'orange rance et du pain digéré avant qu'il ne redescende à nouveau.

Ses yeux s'emplissent de larmes.

L'odeur est effroyable. Elle sait ce qu'elle va trouver dans cette capsule minuscule, mais elle ne peut pas s'empêcher de regarder par elle-même.

Elle voit le haut du crâne d'Alexandre, sa peau d'un bleu noir. Elle devine ses deux bras le long du corps, les mains placées sur ses claviers latéraux. L'écran face à lui est toujours allumé, indiquant le solde de son compte en banque.

Elle a de nouveau envie de vomir, mais, cette fois, elle arrive à se contenir.

L'agent d'accueil a les pieds rivés sur l'échelle et il ne semble pas capable de détourner son regard.

Il descend finalement de l'échelle avec le teint livide et de la sueur sur le front.

— Je… je… je…, bégaye-t-il avant de s'éloigner sans jamais terminer sa phrase.

Augustine se retrouve assise sur le sol sans se rappeler à quel moment ses jambes se sont dérobées sous elle.

Elle ne pleure pas, mais son visage est douloureux. Elle a l'impression qu'un torrent de larmes se prépare à déchirer son crâne en deux pour exprimer son chagrin.

Augustine plonge sa tête dans ses mains et sanglote enfin… elle ne pourra pas s'arrêter pendant la semaine qui allait suivre.

* * *

Alexandre avait demandé à ce que ses cendres soient éparpillées en pleine nature par un membre de sa famille. Du moins, c'est ce qu'il souhaitait la dernière fois qu'il avait mis à jour son testament il y a 108 ans.

Augustine n'est pas seule. Quelques amis de son frère sont présents, même si elle n'a aucune idée de qui ils sont et de quand ils ont vu Alexandre pour la dernière fois.

Ils ont tous fait le voyage pour rejoindre la forêt de Montmorency dans un minibus autonome. Augustine aurait aimé que le silence fut total pendant toute la durée du voyage, mais les conversations allaient bon train.

— Quelle belle journée, lance un homme à la peau grise. Ils se sont encore trompés à la météo !

— Je ne suis plus venue dans cette forêt depuis que j'étais petite fille… nous avions ramassé des champignons avec l'objectif de se faire une fricassée avec… Nous les avions finalement tous jetés quand un promeneur nous avait appris que la moitié était vénéneux.

Augustine relit les notes qu'elle a préparé sur sa tablette pour donner l'éloge funèbre de son frère. Elle n'est pas stressée à proprement parler, mais elle déteste cet exercice. C'est pourtant la trente-deuxième fois qu'elle réalise une oraison funèbre.

Ce qu'elle redoute par-dessus tout, c'est de devoir se battre pour que ce discours soit différent des trente-un qui le précèdent. Que ce que l'on retient de la vie d'Alexandre ne soit pas qu'un tissu de banalités, un copier-coller d'autres discours.

Elle ne veut surtout pas dire qu'Alexandre était un homme bon. Bien sûr, elle considère que c'était le cas… mais cela ne s'appellerait pas un « éloge » si la personne commençait par dire le contraire.

Elle souhaite trouver quelque chose d'inédit. Quelque chose qui capturerait parfaitement son caractère.

Le minibus s'arrête enfin et ils découvrent une large clairière entourée de grands arbres centenaires. Elle se fait la réflexion que son frère était certainement plus âgé que la plupart d'entre eux.

C'est un bon endroit, pense-t-elle. Il aurait probablement validé ce choix de dernière demeure.

Augustine pose l'urne à ses pieds et ils se mettent en cercle autour de celle-ci.

— Alexandre avait 178 ans.

Elle est surprise par le calme de sa voix… elle s'était attendue à retrouver ses sanglots, mais ce n'est pas le cas. Elle est dévastée, mais elle arrive à contrôler sa tristesse.

— Il avait 178 ans, mais il avait encore tant à apprendre. C'était l'une de ses obsessions… apprendre de nouvelles choses. Il ne s'arrêtait jamais quand il était plus jeune… il lisait constamment. Il disait souvent qu'il investissait sur lui-même. Il ne concevait pas de demander à quelqu'un de faire quelque chose s'il pouvait apprendre à le réaliser par lui-même.

Elle suspend son discours pendant un instant. Elle voit un couple de mésanges bondir d'arbre en arbre avant de se poser sur le sol à quelques mètres d'eux.

— Il a donc passé 178 ans à apprendre… mais… mais je me suis rendu compte d'une chose en pleurant sa mort depuis quelques jours. Alexandre voulait tellement éviter de mourir qu'il en a oublié de vivre.

Elle fait une pause pendant un instant puis répète dans un chuchotement :

— Il voulait tellement éviter de mourir qu'il en a oublié de vivre.

Elle n'arrivera pas à continuer son discours au-delà de ces mots.

C'est un moment où elle aurait pu éclater en sanglots, se mettre à genoux devant l'urne… mais Augustine resta simplement silencieuse, laissant le chant des oiseaux couvrir l'absence d'une conclusion à son oraison.

Elle ne dit plus rien parce qu'elle avait compris combien elle était comme son frère.

Depuis plusieurs années, elle n'était que le fantôme d'elle-même, se battant pour fuir la mort, mais ce n'est pas pour autant qu'elle se battait pour vivre.

À cet instant précis, Augustine décide d'arrêter de chercher l'immortalité. C'était un abandon, mais le genre d'abandon qu'elle accueille avec calme.

Elle ouvre l'urne et laisse le vent emporter son frère dans un nuage de poussière grise.

Chapitre 1
208 ans

Que peut-on souhaiter à la personne qui a tout vécu ?

La question gonfle dans l'esprit de Noah avant d'en être expirée doucement, comme un soupir. Il abandonne. Il ne trouvera jamais la réponse à cette question… tout simplement parce qu'il n'en existe pas.

Du haut de ses quinze ans, il est impossible pour Noah d'imaginer l'état d'esprit d'une personne de 208 ans.

Le véhicule autonome parcourt la route à vitesse constante au travers des paysages de la campagne française de l'an 2194. Cela ne ressemble en rien aux visions des livres de science-fiction du début du millénaire. Les habitations succèdent aux champs, qui laissent la place à d'autres terres cultivées encore.

Le large véhicule étincelant abrite les parents de Noah et ses deux sœurs, chacun installé dans un confortable fauteuil. Son père a les yeux rivés sur sa tablette, à lire un ouvrage retraçant la conquête spatiale de Spoutnik jusqu'à nos jours.

De son côté, sa mère tricote un pull en écoutant le dernier album du groupe de musique électro-symphonique qu'elle affectionne tant.

Et, sans surprise, ses deux sœurs ont la tête engoncée dans leurs casques de réalité virtuelle pour explorer d'autres univers dans un jeu vidéo au réalisme parfait.

Seul Noah regarde par la fenêtre, plongé dans ses pensées. Dans la voiture, il se trouve à une place que l'on appelait autrefois « la place du mort » : cette place étant celle qui connaissait le plus fort taux de mortalité pendant les premières décennies de l'automobile. Mais cette expression n'a plus aucun sens aujourd'hui. Plus personne ne meurt sur les routes depuis que l'intégralité des véhicules est autonome, contrôlée par une intelligence artificielle qui sait précisément où se situe chaque véhicule, qu'il soit à l'arrêt ou en mouvement.

De plus, l'habitacle de la Catawba XS ne ressemble en rien à celui d'une voiture du début du millénaire. L'intérieur tient davantage au petit salon privé avec un large tapis au sol, des fauteuils individuels que l'on peut orienter dans toutes les directions, et de vastes fenêtres.

Sans y penser, Noah attrape une tablette et se retrouve devant un choix de divertissements gargantuesque. Il pourrait regarder une série, rejoindre un univers virtuel comme ses sœurs, lire un livre, parcourir ses réseaux sociaux…

Il s'arrête net sur sa lancée pour reposer la tablette à ses côtés. Il vient de se prendre en flagrant délit d'une paresse intellectuelle qu'il combat depuis plusieurs mois. En effet, Noah a pris conscience que, dans les moments d'attente, il avait tendance à vouloir tout de suite remplir l'espace vide par un divertissement. Et si son intérêt pour l'étymologie lui a appris quelque chose, c'est que le mot « divertissement » vient de la même racine que « diversion » et que ce qu'il recherche sur sa tablette, c'est un moyen de ne pas être confronté à ses propres pensées.

Il se remet bien dans son fauteuil, face à la fenêtre, pour
s'abandonner de nouveau à ses réflexions.

Qu'allait-il bien pouvoir dire à son arrière-arrière-grand-père
aujourd'hui ?

En effet, s'il sait quelque chose de son arrière-arrière-grand-papy
Samuel, c'est qu'il se plaît à faire la conversation avec chacun de
ses enfants, petits-enfants, arrière-petits-enfants et arrière-arrière-
petits-enfants pour savoir ce qu'ils deviennent. C'est une sorte de
rituel annuel : l'inquisition par Samuel Davis.

Et après il s'étonnait qu'il était impossible de réunir toute la
famille pour Noël ? Qui voudrait vivre cette inquisition une
deuxième fois au plus froid de l'hiver ? C'était déjà suffisamment
pénible à vivre sous le soleil de ce mois de juin.

Il avait donc répété sa réponse devant le miroir de la salle de bain
ce matin.

— Je suis des cours d'histoire de la transition pour savoir comment
notre société a évolué et pouvoir, à mon tour, aider à la faire
évoluer quand je serai plus grand.

Il a forgé cette réponse en se disant qu'elle ferait plaisir à son
arrière-grand-papy, lui qui avait travaillé comme consultant pour la
transition énergétique pendant tant d'années.

Il se trouve pourtant assailli de doutes. Il a l'impression qu'il
manque quelque chose. Est-ce que c'est vraiment ça qu'il a envie
de faire de sa vie ? Et s'il en profite pour lui demander plus de
détails… que dira-t-il ?

Il se rassure presque en se disant que l'inquisition n'aurait peut-
être pas lieu cette année. La mère de Noah, l'arrière-petite-fille de
Samuel, avait une énorme faveur à lui soumettre… le genre de

faveur qui peut faire basculer un repas d'anniversaire dans une autre dimension.

Il tourne le regard vers sa mère, Alexia, qui reste concentrée sur son tricot tout en dodelinant de la tête au son de sa musique. Il est difficile de se rendre compte qu'elle vient de fêter ses 79 ans. Elle semble encore si jeune, son corps comme suspendu dans le temps à l'orée de la quarantaine.

Noah repense alors à ses cours d'histoire sur le transhumanisme. Ce courant qui a été le premier à venir avec cette idée que le handicap, la souffrance, la maladie, le vieillissement et la mort étaient des effets indésirables qu'il fallait éradiquer du vivant. Si la technologie pouvait nous permettre de vivre éternellement, c'était une aberration de ne pas le faire.

L'adoption de cette pensée s'était faite de manière progressive. La technique s'était invitée sur des augmentations d'abord inoffensives. Si vous avez perdu une jambe sur une mine, cela semble être une souffrance inutile que de ne pas y mettre une prothèse. Puis les ajustements sont devenus plus cosmétiques, si vos dents ne sont pas parfaitement alignées, un appareil dentaire pouvait vous offrir de rectifier cette erreur de la Nature.

Petit à petit, les corps étaient augmentés.

Si vous vouliez profiter d'une vie sexuelle sans le risque de procréer, l'insertion d'un stérilet en cuivre au fond de votre utérus était un moyen simple et fiable de bénéficier d'un plus grand contrôle sur votre corps.

Alors, évidemment, quand il a été possible de changer cœur, poumons, estomac pour contrecarrer l'obsolescence programmée de votre corps, la population s'était engouffrée dans la brèche.

Du haut de ses quinze ans, Noah est ce que l'on appelle un
« naturel » : il n'a encore jamais eu à faire appel aux
augmentations.

Il est le seul dans ce cas dans la voiture. Avec un appareil dentaire
pour l'une, et un stérilet pour l'autre, ses deux sœurs sont des
augmentées. Bien sûr, cela reste à la marge… mais cela signifie
tout de même qu'elles ont déjà accepté le fait que leurs corps
avaient besoin d'être modifiés.

Noah repense à cette expression qu'il a entendue dans la bouche de
son père : « La Nature fait bien les choses ».

Il se dit qu'elle fait bien les choses… mais seulement jusqu'à un
certain point apparemment, puisque la plupart des gens décidaient
de lui donner ensuite un coup de pouce technologique.

Le parfait exemple de cette philosophie poussée à l'extrême, c'est
sans doute son arrière-arrière-grand-père, Samuel, qui a été l'un
des premiers « intégraux » et qui pourrait bien être l'un des
premiers « millénaires ».

Ce vocabulaire fait tellement partie intégrante du quotidien de
Noah.

Il faut comprendre par là qu'il n'y a plus une seule parcelle de son
corps qui est naturelle, et qu'il pourrait par conséquent atteindre
l'âge de mille ans.

— Que peut-on souhaiter à la personne qui a tout vécu… et qui
vivra pour toujours ? ajoute mentalement Noah à son
questionnement.

— Est-ce que je voudrais vivre pour toujours ? se demande-t-il.

Il n'a certainement pas envie de mourir avant longtemps, mais de
là à vouloir vivre éternellement… cette question est beaucoup trop

ambitieuse pour lui. Il serait incapable de lui trouver un début de réponse avant d'avoir vécu une quinzaine d'années supplémentaires.

Noah reconnaît soudainement la grande allée de cyprès qui mène jusqu'à la demeure de son arrière-arrière-grand-père.

— On arrive, s'écrit-il en faisant sursauter ses sœurs.

Elles retirent toutes deux leurs casques de réalité virtuelle avec un air complètement hagard. Noah connaît ce regard : elles ne sont pas encore totalement revenues dans cet univers et sont partiellement restées dans celui de leur jeu.

— En effet, nous y sommes déjà ! s'exclame sa mère en sortant ses yeux du tricot.

— Ah quelle joie de retrouver le manoir Davis, lance son père sans aucun entrain.

— Tristan ! le rabroue sa mère. Tu m'as promis que tu allais faire un effort.

— Oui, oui, devant lui je serai sage comme une image.

En disant cela, il avait décoché un clin d'œil complice à Noah qui ne lui rendit pas.

Il ne comprenait pas très bien ce que son père reprochait à son arrière-arrière-grand-père, mais son intuition lui commandait de ne pas le demander.

Les grandes grilles en fer forgé sont ouvertes et la Catawba XS se glisse à l'intérieur.

Tristan ne peut s'empêcher de penser au manoir de Bruce Wayne en le voyant… Sauf que Samuel Davis n'a rien de Batman, se fait-il la réflexion.

La voiture se gare juste devant la porte d'entrée où aucune voiture n'est présente.

— Nous sommes les premiers, annonce la mère de Noah et celui-ci peut voir son père se mordre les lèvres en souriant pour ne pas faire de commentaires désagréables.

Les portes papillons se déploient en déversant un flot de lumière et d'odeur boisée dans l'habitacle.

— N'oublie pas de prendre le vin, chéri, lâche Alexia en rangeant son tricot dans un sac.

Tristan attrape la bouteille de vin qu'ils ont prévu d'offrir à Samuel Davis : un château Richeneuf de 2169.

— Allons-y, s'écrie-t-il comme pour se donner du courage.

Il s'élance alors vers la porte et sa femme et ses trois enfants le suivent de près. Ce n'est pourtant pas lui qui va prendre l'initiative de sonner : il laisse cet honneur à Alexia.

La sonnerie retentit et la petite famille attend silencieusement alors qu'un homme apparait sur le seuil. Le chant des cigales semble s'atténuer.

L'allure du nouveau venu est vaguement familière.

— Ne restez pas comme cela, lâche jovialement l'homme à la porte. Entrez !

C'est seulement à ce moment qu'ils ont la certitude d'être face à Samuel Davis.

— Samuel, lance Alexia sans que l'on puisse dire si sa phrase se termine par un point d'exclamation ou d'interrogation. Tu n'as pas changé…

L'homme éclate d'un rire tonitruant, comme s'il s'agissait de la meilleure blague qu'il ait entendue. Et pour cause, son arrière-petite-fille a toujours eu tendance à mettre les pieds dans le plat en disant l'inverse de ce qu'il faudrait.

Parce que Samuel Davis a changé. Ce n'est effectivement pas au sens négatif des choses : un changement qui était synonyme de vieillissement… mais il avait radicalement changé.

Son visage a été entièrement refait à neuf, expliquera-t-il plus tard. Une culture de peau a été réalisée pour venir remplacer celle qui commençait à montrer les premiers signes de décomposition.

Il semble plus jeune que le père de Noah avec sa peau lisse et douce de nouveau-né.

Samuel rit encore et leur fait signe d'entrer.

— Moi aussi je serais de bonne humeur si j'avais ce visage à 208 ans, se fit silencieusement la réflexion Tristan.

Ils pénètrent dans le salon et découvrent que la table a été dressée avec de la belle vaisselle de porcelaine, des serviettes bleues et un alignement de verres à pied.

Les bouteilles de vin sont déjà débouchées dans la cuisine où de nombreux plats attendent sur le plan de travail d'être mis à réchauffer.

Autour de la table, ce sont trente-six chaises qui occupent chaque centimètre de sa circonférence.

Samuel Davis s'en excuse presque avec un sourire :

— Encore un seul arrière-arrière-petit-enfant en plus et l'on devra trouver une table plus grande.

Tristan en profite pour se décharger les mains en offrant la bouteille de vin. Leur hôte le remercie sans un mot, d'un simple hochement de tête et d'un sourire.

Ce que comprend le mari d'Alexia, c'est que la bouteille qu'il vient de lui offrir est trente ans plus jeune que la plus récente des bouteilles qu'il a débouchées pour ce repas. Bien que très chère, cette bouteille représente un vin de seconde zone pour lui.

Il n'y a aucune animosité dans sa réaction, mais c'est comme cela que Tristan interprète son langage non verbal.

Noah regarde autour de lui avec un mélange de curiosité et d'appréhension. À côté de la table, il y a un large buffet avec un nombre impressionnant d'objets d'apparence précieuse. Samuel Davis est ce que l'on appelle un collectionneur. Il collecte et garde tout objet qu'il trouve beau ou qui lui rappelle un souvenir de voyage. Cela donne l'impression d'entrer dans la maison d'un explorateur, même si son arrière-arrière-grand-père a peut-être été trop loin dans l'accumulation. En effet, chaque centimètre carré de ses vitrines et armoires semble occupé par des objets en tout genre. Samuel Davis collectionne les collections : il collectionne les livres papier, les timbres, les photographies, les souvenirs.

— Ding dong.

La sonnette de la porte d'entrée retentit à nouveau et Samuel Davis lâche un « si vous voulez bien m'excuser » cérémonieux avant de s'éclipser. Pour les vingt minutes qui suivirent, celui-ci allait accueillir une procession de nouveaux arrivants.

Ce sont bientôt trente-six personnes qui se pressent dans le grand salon en échangeant des poignées de mains et des embrassades chaleureuses.

Cinq générations se rassemblent bientôt sous le toit du manoir Davis. Samuel, du haut de ses 208 ans, est évidemment le doyen. Il y a ensuite pêle-mêle ses deux enfants, cinq petits-enfants, sept arrière-petits-enfants et dix arrière-arrière-petits-enfants. Les onze personnes restantes pour arriver aux trente-six étaient des gendres et des belles-filles.

Une fois les banalités d'usage échangées (Qu'est-ce qu'ils ont grandi ! Et comment ça se passe à l'école ? Elle veut faire quoi plus tard ?), Samuel Davis capte l'attention de l'assemblée en tapant délicatement une petite cuillère contre son verre de cristal, dans un geste au charme désuet.

— Ma très chère famille, s'élance-t-il. Je suis vraiment heureux de pouvoir vous réunir cette année encore pour fêter mon anniversaire. Même si, comme vous le savez, à mon âge… une année semble filer en un clin d'œil.

Il cligne des yeux de manière théâtrale et ajoute :

— C'est bon ? Nous en sommes toujours à mon 208e anniversaire ?

Des rires polis accueillent la plaisanterie, mais ce que remarque Noah, c'est qu'il a véritablement l'air crispé en faisant cette plaisanterie, et il ne comprend pas pourquoi.

Samuel reprend :

— Quand j'étais petit, je n'avais pas idée que je verrais mon centième anniversaire… alors mon deux cent huitième… c'était au-delà de ce qui est imaginable.

Alexia échange un sourire complice avec son mari : à quelques mots près, Samuel Davis avait tenu les mêmes propos l'année précédente, et il le lui avait parié quelques heures plus tôt.

— C'était inimaginable aussi que je puisse rencontrer mes arrière-petits-enfants et encore moins mes arrière-arrière-petits-enfants… mais j'ai cette chance infinie et j'ai hâte de pouvoir échanger avec chacun d'entre vous.

Noah se raidit légèrement à la mention de l'inquisition en préparation.

— Maintenant j'aimerais trinquer à votre bonne santé… alors je vous invite à prendre un verre.

De la main, il désigne une desserte où des verres de champagne et de whisky viennent d'être versés par l'un des gendres.

Une fois que chacun s'est servi, Samuel Davis attrape le dernier verre de whisky avant de s'écrier :

— À votre santé.

Il porte ensuite le verre à ses lèvres, mais ne fait que les humecter du breuvage pour s'emplir la bouche de son goût tourbé. Il ferme alors les yeux et le savoure un instant.

Autour de la table, les discussions s'entrechoquent et s'entremêlent déjà, créant un brouhaha constant.

Noah se penche vers sa mère et lui glisse une question à l'oreille. Il en a un peu honte… mais il ne reconnaît pas un bon tiers des gens présents. Il a un sentiment familier qui se répète à chaque grand mariage : il connaît tous les visages, mais il n'arrive pas à les remettre précisément. Sa mère avait dû répondre à cette même question l'année dernière, mais elle sourit avant de se prêter à nouveau à l'exercice, patiemment.

Noah tente au mieux de suivre l'arbre généalogique, mais les branches ont tendance à se mélanger dans son esprit comme celles d'un lierre grimpant.

Les noms se succèdent dans la bouche de sa mère : Claire, Joséphine, Ian, Sofia…

Il acquiesce à chaque, mais son expression ne trompe pas. Il a atteint une overdose de prénoms.

Sa mère ne peut contenir un petit rire qui fait rougir Noah.

Elle reprend :

— Si tu ne dois en retenir que trois, à mon avis il faut que tu reconnaisses Amelia Perseo. La fille de Samuel Davis.

En disant cela, Alexia pointe son doigt dans la direction d'une grande femme au nez aquilin qui l'intimide par sa prestance. Du haut de ses 177 ans, elle semble tout juste avoir la cinquantaine. Il suffit de la regarder un instant pour comprendre qu'il s'agit d'une femme cultivée et indépendante… qui a déjà fait de grandes choses de sa vie.

— Elle est nommée ainsi en hommage à Amelia Earhart, une aviatrice qui a été la première femme à réaliser la traversée de l'Atlantique en solitaire. Et elle est clairement faite du même bois.

— Pourquoi Amelia Perseo ? le questionne Noah.

— Parce qu'elle a décidé de garder le nom de sa mère plutôt que celui de son père, répond-elle en lui faisant sentir que la réponse était évidente.

Sa mère pointe maintenant un homme à la peau ridée et grise.

— Il s'agit d'Isaac Davis, c'est le frère d'Amelia. Il est trois ans plus jeune qu'elle…

Mais il a l'air d'en avoir trente de plus, pensent-ils tous les deux sans le prononcer.

Alexia poursuit :

— Isaac ne croyait pas en l'augmentation… il voulait rester naturel. Mais il a changé d'avis sur le tard et il s'est toujours refusé à faire des opérations cosmétiques. Il ne fait que celles qui sont nécessaires pour le garder en vie.

En entendant ces mots, Noah se souvient avoir entendu une part de l'histoire que sa mère ne lui dit pas aujourd'hui.

Samuel Davis avait eu trois enfants : Amelia et Isaac que sa mère vient de lui désigner… mais aussi Annabel Perseo, l'arrière-grand-mère de Noah qui n'est plus de ce monde depuis bien longtemps. Elle est décédée en 2097 à l'âge de 75 ans et aura milité toute sa vie contre l'immortalité. Un mot où, d'après elle, le « T » aurait dû être muet.

Et si Isaac Davis avait été de cet avis pendant longtemps, la mort de sa petite sœur l'avait sacrément ébranlé. C'est là qu'il avait été pris de panique et qu'il avait réalisé sa première opération pour remplacer un cœur défaillant.

Alexia continue à lui pointer les trois personnes à retenir :

— Tu reconnais certainement déjà Rosa Perseo, fille d'Amelia. Nommée ainsi en hommage à Rosa Parks.

Effectivement, Noah la connaît : Rosa Perseo suit les traces du personnage historique dont elle a hérité le nom en ne laissant personne lui marcher sur les pieds. En fait, cela va bien plus loin : cette Rosa-là avait plutôt tendance à jeter les autres sous les roues d'un bus, plutôt que de simplement manifester son désaccord.

— C'est elle qui a repris la tête de Perseo Industries depuis une vingtaine d'années.

Noah était absorbé par cette présentation réalisée par sa mère et il n'avait pas vu Samuel Davis se diriger dans sa direction.

— Comment vas-tu, Noah ? s'écrit-il en lui saisissant l'épaule.

Il sursaute et Samuel s'excuse aussitôt avant d'asséner la question tant redoutée :

— Alors, que deviens-tu ? Tu sais déjà ce que tu souhaites faire plus tard ?

L'inquisition avait donc commencé sans qu'il ne s'y attende.

Noah frisonne, bégaye et se prépare à débiter le discours qu'il avait prévu à cet effet quand sa mère intervient :

— Samuel ! Je voulais te poser une question.

Noah sait ce qu'elle est en train de faire. Alexia avait perçu le stress de son fils et se sacrifiait pour détourner l'attention en lui demandant le fameux service qu'elle redoutait d'énoncer.

Ou peut-être tout simplement qu'elle avait décidé de ne pas perdre plus de temps et d'être tranquille avec ça. De se débarrasser de ce poids sur son estomac :

— La période n'a pas été facile, énonce-t-elle avec calme. Tristan et moi avons dû nous faire opérer récemment et d'autres opérations s'approchent. L'argent commence à être un problème et…

Samuel pose sa main sur celle d'Alexia avec un regard attristé et embêté :

— Tu sais bien que, malgré les apparences, je ne roule pas sur l'or… je n'aurais pas assez d'argent pour vous aider à…

C'est au tour de son arrière-petite-fille de lui couper la parole :

— Je sais bien tout cela… et ce n'est pas de l'argent que je te
demande. Le fait est qu'il va nous falloir choisir entre les
opérations et le loyer de notre appartement. Et je me disais que ce
manoir était beaucoup trop grand pour toi. Peut-être que nous
pourrions emménager dans l'aile ouest, elle est principalement
vide. Et puis en échange, nous nous occuperions avec Tristan de la
cuisine, de ton linge, du ménage, du jardin…
Les yeux de Samuel Davis glissent rapidement vers Tristan et il a
un sourire crispé.
Il sait que celui-ci ne l'aime pas particulièrement, et Alexia
comprend ce regard. Elle ajoute :
— Nous nous ferions le plus petits possible. Tu ne nous entendrais
pas. Nous ne sommes même pas obligés de prendre les repas
ensemble si tu tiens à ta solitude.
La phrase interpelle Samuel. Est-ce qu'il tient vraiment à sa
solitude ? Il n'en a pas le sentiment. Mais peut-être qu'il n'a jamais
pris le temps d'analyser ses propres sentiments en profondeur.
Il ne sait pas comment répondre et se raccroche à des arguments
assez faibles :
— Mais l'aile ouest, c'est le bureau de…
Il ne termine pas sa phrase.
— Je sais, acquiesce Alexia en prenant sa main dans les siennes.
Samuel Davis se dégage d'un geste. Il trouvait pourtant agréable ce
contact, cette empathie, mais il sait que tout cela est dirigé par son
désir d'emménager chez lui et il n'aime pas cette idée.
Il commence cependant à retourner cette proposition dans son
esprit.

C'est vrai qu'il a beaucoup trop de place dans son manoir pour lui tout seul.

C'est vrai encore qu'il pourrait profiter d'un peu de compagnie… et d'un peu d'aide pour les tâches quotidiennes.

Pourtant, quelque chose au plus profond de lui le fait viscéralement répondre non à cette proposition. Il ne sait pas quoi. Et il ne sait pas s'il souhaite fouiller pour en découvrir la raison.

— Est-ce que tu me promets d'y réfléchir, Samuel ? le sollicite Alexia pour ne pas accepter son échec.

— Je vais y réfléchir, annonce-t-il aussitôt avant de se détourner.

Il porte à nouveau le verre à sa bouche pour humidifier sa langue devenue sèche, puis cherche la conversation d'un autre membre de sa famille, faisant échapper Noah à son inquisition.

Alexia est persuadée qu'il ne va pas y réfléchir, qu'il est déjà en train d'essayer d'oublier cette conversation pour ne plus jamais en faire mention.

Le reste du repas se déroule pourtant avec ce sujet qui parasite l'esprit de Samuel Davis.

Pourquoi cela serait-il si difficile d'accepter la présence d'Alexia et de sa famille chez lui ?

Est-ce que c'est parce que la dernière personne à avoir vraiment partagé sa vie, et ce manoir, c'était Elizabeth ?

Elizabeth Perseo, la femme de sa vie. La figure presque mythique qui a enfanté cette famille et en a fait ce qu'elle est… encore aujourd'hui. Il regarde la famille rassemblée auprès de lui et il sait qu'Elizabeth Perseo est leur Gaïa. L'origine de leurs vies, comme de leurs valeurs et croyances. Pour la plupart, ils ne l'ont jamais rencontrée… ils ont pourtant plus de respect pour elle que pour lui. Elle était tout pour lui et elle était tout pour ses enfants.

Le dîner se termine et ses enfants, petits-enfants, arrière et arrière-arrière-petits-enfants désertent progressivement le manoir… mais il est encore dans ses pensées, dans ses souvenirs.

Il les embrasse et leur dit « au revoir », mais son regard n'est plus aussi éveillé qu'à leur arrivée. Il ne les regarde plus, mais semble contempler un point situé mille kilomètres derrière eux.

C'est à l'âge de 14 ans qu'il avait rencontré Elizabeth Perseo. Ils étaient dans la même classe et il avait aussitôt été marqué par cette présence magnétique. Il ne remarquait plus le passage des saisons aux arbres, mais aux tenues qu'elle portait. Au vu de son manteau, cela devait être l'hiver. Au vu de sa veste, le printemps était arrivé. Quel beau chemisier, l'été devait être arrivé. Il était tombé amoureux comme seul un enfant de cet âge peut tomber amoureux. D'une manière entière, complète, obsessionnelle et pure. Il ne savait pas vraiment ce qu'était l'amour en dehors de celui prodigué par ses parents. Et c'était tout autre chose qu'il ressentait au contact d'Elizabeth. Il avait simplement besoin d'être en sa présence pour se sentir bien. Elle était drôle, indépendante… elle avait toujours des idées nouvelles à explorer, à débattre, à cultiver. Et quand elle le regardait intensément pendant leurs conversations, il avait l'impression d'avoir trouvé un sens à sa vie. Être vu par elle, c'était suffisant pour le satisfaire. Pourquoi chercher davantage ? Qu'est-ce qui pouvait être plus grand dans l'univers que ce regard ?

Quand il y repense, il voit combien il pouvait être naïf à l'époque. Combien son idée de « tomber amoureux » était un agglomérat de

films et de livres idéalistes qui n'avaient pas une grande
ressemblance avec la réalité.

Mais il regardait aussi le jeune Samuel avec une part d'envie. Si
seulement il pouvait ressentir un quart des émotions qui le
submergeaient à l'époque. Que c'était bon d'aimer sans aucune
restriction, sans aucun doute, sans la moindre ombre au tableau.
Que c'était bon d'avoir 14 ans et de ne rien connaître du monde.
Samuel et Elizabeth vivaient en Amérique à ce moment-là. Leurs
parents étaient originaires du New Jersey, mais est-ce que la
provenance de leurs familles a encore une quelconque importance
quand ils ont vécu autant de temps en Europe depuis ?

L'Europe, ce nouveau continent qu'ils avaient découvert lors d'un
voyage de classe à Paris. Quand ces deux jeunes gens avaient
appris qu'ils allaient voyager à l'autre bout de la planète, ils
l'avaient immédiatement vécu comme une aventure.

Samuel allait être livré à lui-même, loin de ses parents. Il allait
devoir parler une langue étrangère chez une famille d'accueil,
s'orienter dans une autre ville pour vivre une nouvelle vie à des
milliers de kilomètres de sa maison. C'était une parenthèse où il
avait le sentiment que tout pouvait arriver. Et c'est exactement ce
qui se passa. Tout.

Elizabeth et Samuel s'étaient rapprochés pendant les mois qui
avaient précédé le voyage.

Samuel n'avait pas l'impression que c'était seulement lui qui
appréciait ces conversations avec elle. Elizabeth aussi semblait
chercher ces moments à deux. Ce n'était donc pas surprenant à ce
qu'ils soient toujours ensemble pendant ce voyage. Ils étaient l'un

à côté de l'autre dans le bus, dans les musées, lors des pique-
niques.

À la fin du sixième jour, leurs professeurs avaient prévu de les
faire monter en haut de la tour Eiffel. Ils allaient faire son
ascension à pied. Et, en arrivant au bas des escaliers, Elizabeth prit
la main de Samuel dans la sienne avant de s'élancer sur les
premières marches. Elle avait fait ce geste comme si c'était
normal, naturel, comme s'ils s'étaient déjà tenu la main
auparavant.

Arrivé à la vingtième marche, Samuel était essoufflé et sentait son
cœur battre à toute vitesse. Il ne savait pas si c'était la montée ou
l'émotion. Il avait l'impression d'avoir du coton dans les oreilles.
Il entendait les choses de loin. Elizabeth le précédait toujours et il
la regardait monter avec un sourire.

Elle. Lui. AVAIT. Pris. La. Main.

Et ce fut la chose la plus importante de l'univers à cet instant.

Ils atteignirent le deuxième étage au prix de six cent soixante-
quatorze marches, mais Samuel n'avait rien vu de l'ascension si ce
n'était Elizabeth.

Quand il n'y avait plus rien à grimper, elle l'emmena face à une
impressionnante vue de Paris. Ils virent la Seine, l'Arc de
Triomphe, et des milliers de toits qui s'étalaient à perte de vue
comme des champs d'ardoises.

Samuel reprenait tout juste son souffle lorsque Elizabeth se plaça
devant lui. Il la vit se mordiller la lèvre et il savait ce qu'elle avait
envie de faire. Il le savait parce qu'il pensait à l'embrasser depuis
des semaines et qu'il avait ce même tic nerveux dans ces moments-
là.

Il ne s'était jamais considéré comme courageux, mais il trouva tout de même la ressource en lui pour oser s'avancer dans sa direction. Elizabeth esquissa un sourire d'une demi-seconde avant de fermer les yeux et de l'embrasser. Ils ressentirent ce baiser dans tout leur corps.

Paris allait être la ville la plus romantique du monde pour le restant du voyage, sans se douter qu'ils avaient apporté ce romantisme avec eux.

Et pour cause, à l'instant même où ils s'embrassaient en haut de la tour Eiffel, un couple de Français s'embrassait en haut de l'Empire State Building en se disant que New York était la ville la plus romantique du monde.

Ce moment —cet instant d'éternité— hors du temps, paraissait déconnecté de la chronologie du monde.

Quelques mois plus tôt, la planète entrait dans un nouveau millénaire et la peur du bug de l'an 2000 s'emparait des acteurs économiques. Le vingt et unième siècle débutait avec la promesse d'un avenir radieux. Exit le siècle qui avait connu deux guerres mondiales, une guerre froide, une guerre du Vietnam, du Golfe… L'humanité semblait plus sage désormais et ce chiffre rond donnait l'impression d'appeler à un nouveau départ, une nouvelle page de son histoire.

Samuel et Elizabeth partageaient cet espoir, d'autant plus que leur futur commençait tout juste avec ce premier baiser tendre.

Encore une année les séparait des attentats du 11 septembre 2001, qui allait ouvrir ce nouveau millénaire avec la promesse du terrorisme, de plus de guerres et de peur.

Et si les deux jeunes amoureux n'allaient pas laisser cet événement gâcher cette période de découvertes et d'extase, rien ne serait plus jamais pareil.

Chapitre 2
209 ans

Que peut-on souhaiter à la personne qui a tout vécu ? C'est drôle comme la vie est faite de boucles, de retours, de redites.

C'est en voyant à nouveau les paysages de la campagne française défiler devant ses yeux que Noah repense à cette même question qui avait occupé son esprit l'année dernière.

Il a maintenant seize ans et ils se rendent tous chez Samuel Davis pour fêter son 209e anniversaire.

Il a un sentiment de déjà-vu.

Ses sœurs ont de nouveau leurs casques de réalité virtuelle engoncés sur le crâne. Il y a pourtant du changement du côté de ses parents qui regardent une série ensemble.

L'arrivée au manoir se fait de la même manière même s'ils ne sont pas les premiers à arriver sur place cette fois. Deux voitures noires sont déjà garées dans un alignement millimétré sur le côté de l'entrée. Leur véhicule vient compléter cet alignement optimal. La technologie nous aura apporté ce genre de symétrie parfaite qui avait le pouvoir d'apaiser l'esprit.

La même odeur boisée les accueille à l'instant où ils font un pas en dehors de l'habitacle.

Alexia rappelle à Tristan de prendre le cadeau de Samuel et c'est à nouveau elle qui sonne à la porte. Toutes similarités avec l'année précédente s'arrêtent là.

***

La veille au soir, Samuel Davis était sorti sur la terrasse avec un verre à la main. Il avait attendu quelques instants que ses yeux s'habituent au noir complet pour s'orienter vers le transat qui se trouvait à quelques mètres de là.

Il s'installa confortablement pour observer les étoiles dans le ciel. Deux siècles s'étaient écoulés, mais elles étaient positionnées encore exactement comme dans son enfance. Samuel se souvient très bien des moments passés avec ses parents à découvrir le nom des constellations. Pourtant, à chaque fois qu'il regarde vers le ciel, il est projeté au parc de Yellowstone.

C'était l'une des premières excursions qu'ils avaient réalisée à deux avec Elizabeth. Ils devaient avoir 17 ans. Plus tôt dans la journée, ils avaient eu une longue conversation à propos du fait que l'ensemble du parc de Yellowstone était posé sur un super-volcan endormi. Son éruption pourrait tuer des dizaines de milliers de personnes, voire des centaines de milliers, et faire vivre aux États-Unis une sorte d'hiver volcanique… sous les retombées de cendres de son explosion. Ce qui les avait glacés, c'était d'apprendre que cette éruption pouvait arriver à tout instant et que, pour certains scientifiques, elle aurait déjà dû se produire.

Les deux jeunes amoureux se promenaient le long d'un sentier au milieu d'arbres centenaires, la main dans la main, conscients du fait qu'ils pourraient mourir la seconde d'après de la main de la Caldeira de Yellowstone.

Cette menace avait quelque chose d'incroyablement précis et flou à la fois. Cela pourrait avoir lieu dans la prochaine minute, comme dans le prochain millénaire. Ce lugubre sujet de conversation n'avait pourtant pas entaché cette journée puisqu'ils avaient continué de se promener en s'embrassant souvent. Ils se prenaient dans les bras et pressaient leur corps l'un contre l'autre. Ils étaient encore dans cette lune de miel où ils avaient constamment envie l'un de l'autre.

Ils étaient ensuite rentrés dans leur petit chalet où ils avaient passé la soirée sur une terrasse où, allongés à même le sol de bois, ils avaient observé les étoiles.

— Tu ne te sens pas minuscule, avait-elle demandé sans quitter Orion du regard. Ces étoiles sont à des distances complètement inimaginables pour l'Homme. Certaines sont déjà éteintes depuis des millénaires, mais leur lumière continue de nous arriver.

Et là, allongés l'un à côté de l'autre, main dans la main, sous la lueur d'un milliard de soleils tellement lointains qu'ils apparaissaient comme de simples points lumineux, Samuel Davis s'était effectivement senti insignifiant.

Comment pouvait-il stresser pour un partiel alors qu'il était une forme d'intelligence furtive sur une planète autour d'un soleil parmi des milliards pouvant abriter la vie ?

Il était minuscule, mais ce n'était pas si important que cela. En réalité, avec suffisamment de distance, rien n'est véritablement très important.

Il s'était tourné vers Elizabeth et l'avait embrassée sur la bouche. Elle répondit immédiatement à ce stimulus en l'embrassant à son tour en lui prenant la tête entre les mains. Ils gémirent tous deux du simple fait de s'embrasser et de se retrouver l'un contre l'autre. Samuel glissa alors sa main dans le pantalon de la jeune femme, puis sous sa culotte. Il posa le plat de sa main sur son sexe et il se sentit fou de désir en découvrant combien il était chaud et humide. Ils firent l'amour sous les astres, au cœur de la forêt. Cela ne dura qu'un instant… mais tout, absolument tout, ne dure qu'un instant. Le super-volcan de Yellowstone pourrait bien exploser à cet instant précis qu'il ne s'en rendrait peut-être pas compte.

Cent quatre-vingt-douze années plus tard, le souvenir de cette culotte humide émoustille encore l'esprit d'un Samuel Davis bicentenaire.

Mais le lendemain matin, alors qu'il s'apprête à fêter ses 209 ans en famille, la Caldeira venait peut-être effectivement d'exploser sous ses pieds.

La nouvelle lui était arrivée sous la forme d'un simple email : une notification de mise à jour de son contrat d'assurance.

De nouvelles conditions venaient d'entrer en vigueur. Pour conserver son niveau de couverture, il allait devoir payer un forfait de deux millions d'euros par an.

C'était absolument impensable.

— C'est criminel, avait-il aussitôt ruminé. Ils vont me tuer.

Il n'a pas deux millions d'euros sur son compte en banque aujourd'hui, alors ne parlons même pas de la nécessité de faire réapparaître deux millions d'euros sur ce même compte, tous les douze mois.

Pour la première fois depuis bien longtemps, Samuel Davis
considère sa propre mort. Imminente. Il a aujourd'hui 209 ans et
dans 12 jours, il est censé se faire opérer pour remplacer une
grande partie de son appareil digestif. Estomac, foie, intestin grêle,
côlon… la totale.

S'il ne se fait pas opérer dans 12 jours, ses organes vont se rompre
et tous les sucs digestifs vont se déverser dans son corps pour venir
le digérer de l'intérieur. C'est très certainement loin de la réalité
anatomique, mais c'est de cette manière qu'il se sent ce matin-là.
Comme s'il était sur le point de se digérer lui-même.

Il pleure.

— Ce n'est pas possible, répète-t-il sans cesse, d'abord tout bas
avant d'en faire un cri.

Ce sont d'ailleurs ces mots qui accueillent Noah et sa famille
quand ils pénètrent dans le manoir Davis.

— Que se passe-t-il ? questionne aussitôt Alexia.

Amelia se penche vers eux pour leur confier :

— Sa police d'assurance s'arrête aujourd'hui.

Et ces mots suffisent à leur faire comprendre l'ampleur de la
catastrophe.

Cette police d'assurance avait toujours été la plus grande richesse
de Samuel Davis : son atout dans la vie.

Le fait est que la compagnie Regards avait réalisé une offre
Transhumanisme défiant toute concurrence. Pour un apport
immédiat de dix millions d'euros et un forfait de mille euros par
mois, la compagnie d'assurance promettait de couvrir l'ensemble
des frais liés aux opérations.

Cela avait été une aubaine pour Regards, à très court terme. Quelques millionnaires et milliardaires s'étaient offert cette couverture intégrale pour se mettre à l'abri de la mort.

La compagnie d'assurance avait ainsi pu afficher des bénéfices records sur l'année en cours.

Pourtant, de nouvelles projections et calculs avaient été réalisés l'année suivante alors que la portée de ces opérations se multipliaient.

En moyenne, cette formule restait bénéfique pour l'entreprise pour les cent premières années. Ensuite, elle allait devoir financer de sa poche les opérations supplémentaires. À un moment où les magazines titraient sur le fait que le premier homme qui atteindrait 2000 ans était déjà né, le calcul semblait tout de suite moins avantageux pour Regards à long terme. Ils apprirent ainsi qu'il était dangereux de proposer une couverture « à vie », quand vous offrez en même temps l'immortalité.

Ils stoppèrent ainsi cette offre après avoir réussi à séduire vingt-deux personnes. Huit d'entre elles allaient périr dans des accidents violents de voitures, d'avions, de bateaux, ce qui rendait toute opération impossible. Cinq autres allaient se suicider. Et six autres encore allaient accepter la proposition de Regards de récupérer quinze millions d'euros contre la résiliation de leur contrat.

Samuel Davis fait partie des trois derniers titulaires d'une couverture d'assurance qui lui permettrait d'atteindre la vie éternelle, à prix discount.

Et aujourd'hui, cela lui est repris soudainement.

Il a envie de hurler, de pleurer, de frapper quelque chose. Mais il n'a pas le temps pour cela.

Quand vous avez eu du temps en abondance, et le sentiment d'en avoir au moins encore autant face à vous, et que l'on vous enlève cela du jour au lendemain, vous avez l'impression de ne plus avoir le temps pour rien.

— Ils ne peuvent pas me faire cela, s'exclame-t-il sans s'adresser à quelqu'un en particulier. Ils n'en ont pas le droit !

Alexia s'approche alors de lui et, sans s'embarrasser de lui dire bonjour, lui attrape les épaules pour lui dire :

— Calmez-vous ! Il doit y avoir une erreur. Et si ce n'est pas le cas : vous avez définitivement le droit de faire une réclamation…

— … ou de les attaquer en justice ! s'exclame-t-il avec une lueur combative qui s'éteint aussi rapidement qu'elle est apparue.

Une action en justice prend du temps… et il n'en a plus.

La même liste d'invités que l'année dernière se presse bientôt à la porte et il faut, à chaque fois, leur faire un résumé de la situation :

— La merveilleuse police d'assurance n'est plus : Samuel Davis va mourir.

Ce dernier n'est pourtant pas mourant. Pas au sens propre du terme… pas plus que la veille. Mais il n'y a désormais plus rien qui pourra lui permettre de freiner la décomposition de son corps.

Samuel n'a évidemment pas l'esprit à faire un discours. Il considère l'idée d'en faire un pendant un instant avant d'abandonner devant les pensées sombres qu'il ne souhaite clairement pas partager devant ses enfants, petits-enfants, arrière et arrière-arrière-petits-enfants.

La famille va donc auprès de la zone bar pour se servir un apéritif et ils commencent à boire sans prendre le temps de trinquer. Même la simple idée de souhaiter un bon anniversaire à Samuel semble grotesque. Aujourd'hui, les cadeaux resteront dans les coffres de voitures ou dans l'entrée.

Noah a désormais 16 ans et personne ne lui dit rien quand il va également se servir un whisky accompagné de beaucoup de glace et d'un peu de soda.

— Est-ce que je peux lire le message ? demande Rosa, l'impressionnante CEO de Perseo Industries.

Son ton est neutre. Elle donne davantage l'impression de faire cette requête pour passer le temps que par inquiétude pour son grand-père.

Samuel Davis ne semble pas le remarquer et va immédiatement chercher sa tablette pour lui montrer le message envoyé ce matin par sa compagnie d'assurance. Il a tant besoin d'une solution qu'il est prêt à suivre les conseils de quiconque pourrait lui dire comment réagir.

Ses grands yeux d'un bleu mauve parcourent le message sans véhiculer la moindre expression. Elle le relit, puis dépose la tablette face à elle, sur sa serviette, elle-même pliée en triangle sur son assiette.

— Ils n'ont pas le droit de faire ça.

Quand Samuel articule cette phrase, il voudrait l'exprimer avec assurance, mais cela paraît évident qu'un point d'interrogation s'est glissé à la fin.

— C'est difficile à dire avec ce simple message, lâche Rosa. Mais j'ai du mal à m'imaginer qu'ils envoient un tel message s'ils n'en avaient pas le droit.

Samuel Davis n'aime pas la direction que prend cette conversation et se tourne à droite et à gauche à la recherche d'un nouveau champion qui souhaiterait venir défendre sa cause. Mais la tablée reste silencieuse.

Tristan se lève et Samuel se tourne immédiatement vers lui, mais c'est simplement pour aller se resservir un verre.

Il se prend alors la tête dans les mains. Ses yeux piquent. Il pourrait fondre en larmes. Mais il inspire profondément en pinçant ses lèvres ensemble. Il réussit à trouver suffisamment de ressource en lui-même pour ne pas craquer devant toute sa famille.

Un silence de mort a de nouveau envahi la pièce.

— Est-ce que…

Alexia ne va pas plus loin dans sa phrase puisque sa voix est sortie comme un croassement. Elle avale une grande gorgée de champagne et retrouve sa voix :

— Est-ce que j'ai le droit de vous demander l'état de tes finances ? Cela nous permettra aussi de savoir combien de temps tu as devant toi pour trouver une solution.

Cette question est un peu taboue. Elle pourrait même être vécue comme un réflexe de charognard : combien de temps vous reste-t-il à vivre que je sache quand nous pourrons parler d'héritage ?

Mais ce n'est pas la motivation d'Alexia et ils le comprennent pour la plupart très bien. Surtout que s'il décide de tout faire pour se maintenir en vie le plus longtemps possible, cela signifie que l'héritage ne sera pas fameux.

Samuel Davis semble incertain, comme s'il ne connaissait pas le montant restant sur son compte en banque. Mais ce n'est évidemment pas la cause de son hésitation : il se questionne juste sur le fait de répondre ou non à cette interrogation.

Il se lance pourtant :

— Un peu plus de huit cent mille euros.

Cela aurait pu être un beau montant et Noah faillit s'étrangler au milieu de sa gorgée de whisky. Mais c'est mal connaître les besoins en liquidité d'une personne dans la situation de Samuel Davis. À 209 ans, le suivi médical et les opérations petites et grosses ponctuent sa vie tous les six à douze mois.

Les plus informés, parmi lesquels Rosa, auraient aisément pu traduire ces huit cent mille euros en une espérance de vie pouvant aller jusqu'à trois ou quatre ans. C'est pourtant dans le meilleur des cas. Si Samuel avait besoin de se faire remplacer le cœur ou le cerveau dans les trois mois, il pouvait tout simplement commencer à réfléchir au lieu où il voudrait épandre ses cendres.

Mais Rosa n'articule évidemment pas cette sentence. Elle partage juste un sourire crispé avec Amelia qui semble être arrivée aux mêmes conclusions.

Le silence vient de nouveau tout recouvrir, comme de l'eau qui s'infiltre dans les moindres recoins de la pièce.

Que peut-on dire à quelqu'un qui est en train de recevoir une condamnation à mort ? Alexia tourne et retourne les différentes pistes potentielles :

Se montrer rassurante : « Ça va aller, Samuel. Tu verras, tout va s'arranger ! »

Relativiser : « Cela aurait pu être pire… tu as encore bien du temps devant toi ! »

Afficher un optimisme résigné : « Tu as eu une très belle vie ».

Non, non et non. Chacune des réponses qu'elle peut imaginer ressemble toujours à une gifle qu'elle infligerait à son arrière-grand-père.

Elle décide alors de ne pas dire un mot, mais de poser sa main sur la sienne et de la serrer. Samuel se tourne vers elle et la prend dans ses bras. C'est seulement à ce moment-là qu'il s'abandonne aux larmes.

***

Aussi étrange que cela puisse paraître, toute la famille arriva finalement à manger pendant ce repas de famille. Si une boule à la gorge les a accueillis à leur arrivée au manoir Davis, l'appétit leur est revenu petit à petit jusqu'à ce qu'ils décident d'aller réchauffer les plats à la place de l'hôte de maison. Même Samuel daigna toucher à son assiette sans pour autant la terminer. Après tout, il s'agissait d'un assortiment de ses plats favoris et il ne pouvait se résigner à gâcher tout cela.

Il y avait des tomates provençales, un mélange de pommes de terre et d'oignons sur lequel avait fondu un camembert entier, une salade grecque avec des poivrons, oignons rouges, concombres, tomates, olives noires et fêta.

Puis ce fut le moment du gâteau : un mille-feuille à la framboise que l'on amena sans bougie et sans chanson. Tristan avait entonné l'air de « joyeux anniversaire » alors qu'il préparait le gâteau dans la cuisine, mais Alexia lui avait asséné un coup de coude dans les côtes pour le faire immédiatement taire.

Comme à son habitude, Samuel ne fit que tremper ses lèvres dans son verre d'alcool. Il en appréciait le goût, mais il ne supportait plus l'ivresse. Dans ces moments-là, le temps semblait filer encore plus vite… et l'idée de ne pas se souvenir de certains moments l'insupportait.

Plus le repas avance et plus les convives osent lancer des sujets de conversation. Pourtant, l'attention finit toujours par revenir vers la situation de leur hôte et l'on s'essaya à des pistes de solution. Aucune n'était convaincante, bien évidemment… mais le fait de continuer à en chercher une donna l'impression à Samuel qu'il ne devait pas totalement perdre espoir.

En fin de journée, son plan d'action est décidé : il ira dans les locaux de sa compagnie d'assurance dès le lendemain pour demander des explications. Et si les explications ne lui plaisent pas, il les menacera de les attaquer en justice. Après tout, qu'aurait-il d'autre à proposer que ce bluff ?

Quand il s'installe dans son lit ce soir-là, on peut difficilement dire que Samuel est rasséréné, mais il est moins dévasté qu'au matin. Il se sent comme sous les milliards d'étoiles du parc de Yellowstone, si petit.

Chapitre 3
209 ans et 1 jour

Samuel Davis se tient devant l'imposant accueil des assurances Regards, alors qu'un agent d'accueil pianote sur son clavier. Le nom de l'entreprise est inscrit sur le mur derrière celui-ci en larges lettres noires, comme calligraphiées par la main d'un géant.

Le lobby du bâtiment est excessivement agréable. De grands arbres poussent au centre d'une pièce baignée par la lumière naturelle qui traverse de grandes baies vitrées. Il n'y a pas un gramme de béton visible, juste du verre et du métal pour un rendu aérien.

Samuel a pourtant l'impression d'étouffer. C'est le cas depuis son réveil ce matin, où son lit lui avait paru trop étriqué, où les murs du manoir semblaient se refermer sur lui. Il avait pris une douche rapide avant d'enfiler son plus beau costume.

Il était alors entré dans la voiture qu'il avait commandée dix minutes plus tôt pour énoncer à voix haute : « le siège social des assurances Regards », et le véhicule s'était aussitôt mis en mouvement.

Il avait gardé les yeux fermés pendant l'intégralité du trajet, inspirant et expirant lentement. Il n'avait pour ainsi dire jamais réussi à méditer, mais il en comprend l'intérêt plus que jamais aujourd'hui. Sa paix intérieure s'est transformée en une guerre mondiale qui ne s'arrêtera pas de sitôt.

— Vous êtes arrivé, avait énoncé le véhicule.

Ce n'est pourtant que cinq minutes plus tard qu'il allait réouvrir les yeux pour s'extirper du véhicule qui lui avait répété son message une bonne dizaine de fois, augmentant progressivement le son de sa voix, comme pris d'impatience.

Après quelques pas hésitants, il s'était retrouvé face à l'agent d'accueil et aux lettres géantes.

— J'ai bien peur que personne ne soit en mesure de vous recevoir aujourd'hui, monsieur Davis.

Une nouvelle fois, il ne réagit pas immédiatement.

— Monsieur Davis ? Je vous disais que j'ai bien peur que…

— Je vous ai très bien entendu la première fois, lâche-t-il alors.

Ce n'est pas encore de la colère dans sa voix, mais il est à l'étape juste avant d'exploser. Il continue :

— C'est inacceptable. Ma police d'assurance a été révoquée du jour au lendemain… je ne bougerai pas tant que je n'aurai pas vu quelqu'un.

Les yeux de l'agent passent de son visage à son écran. Il explique incertain :

— Votre police d'assurance n'a pas été révoquée… ce sont les conditions qui ont été…

— Je ne bougerai pas tant que je n'aurai pas vu un directeur, répète-t-il.

Ses doigts s'emballent sur le clavier et il obtient aussitôt un message en retour.

— Je vous prie de bien vouloir patienter. On va vous recevoir.

Samuel accueille la nouvelle avec un sourire. Cela a marché.

Mais depuis quand a-t-il cette force de caractère ? Il a toujours été plutôt du genre à être compréhensif avec chacun, à ne pas souhaiter faire de vagues. Sa réponse par défaut aurait probablement été de dire :

— Je comprends bien… je suis venu au cas où quelqu'un serait disponible. Est-ce que nous pouvons convenir d'un rendez-vous ? Mais pas aujourd'hui. Et cette réponse… ce ton persistant, il l'a bien évidemment reconnu : c'est du Elizabeth Perseo tout craché. Alors qu'il s'assoit sur un canapé pour patienter, il a un sourire en pensant à sa femme et à son caractère.

Elle n'était définitivement pas du genre à se laisser marcher sur les pieds.

Son esprit flotte spontanément vers le souvenir d'un voyage réalisé à Madrid.

Amelia devait avoir 4 ans et Isaac devait s'approcher des 12 mois. Il n'est plus sûr si c'est précisément ce jour-là où ils avaient déambulé des heures dans le musée du Prado, mais ils étaient épuisés. Ils avaient marché toute la journée, mais ce n'était qu'une infime partie de la raison de leur fatigue. Le fait est qu'Isaac avait été infernal pendant les vingt-quatre heures qui venaient de s'écouler… nuit y compris.

Cela ne lui ressemblait pas, mais il avait connu une période où le moindre événement le faisait fondre en larmes et en cris. Ils découvriraient peu de temps plus tard qu'il était en train de percer quatre dents simultanément et que cela pouvait certainement excuser son comportement.

Samuel se rappelait être tombé sur une étude qui stipulait que si un adulte devait revivre ce moment où les dents transpercent la gencive, il est très probable que la plupart tomberaient dans les pommes.

Toujours est-il qu'ils n'avaient pas encore eu cette information qui leur permettrait de prendre un peu de distance face à cette journée éprouvante.

Ils arrivèrent finalement à l'accueil du restaurant avec un bébé enfin endormi dans le porte-bébé, et la plus grande qui mangeait calmement sa compote en gourde en tenant la main de sa mère.

Elizabeth était déjà allée dans ce restaurant lors d'un voyage d'affaires. Elle avait donc tenu à y réserver leur meilleure table, avec une vue sublime sur la ville.

Ils découvrirent pourtant que la table avait été donnée par erreur à quelqu'un d'autre.

Samuel ne se sentait pas de lutter, et puis cela n'avait jamais été dans son caractère.

Sa réponse aurait probablement tenu en deux mots :

— Tant pis.

Mais c'était mal connaître Elizabeth Perseo.

— Comment ça notre table a été donnée par erreur ? s'était-elle exclamée comme si cette information était impossible à comprendre.

Le maître d'hôtel s'était confondu en excuses, argumentant qu'il serait ravi de les amener à une autre table et de leur offrir un apéritif.

Si cela pouvait sembler être une proposition convenable pour la plupart de l'humanité, ce n'était pas le cas d'Elizabeth qui énonça avec un calme tout relatif :

— Ce que vous allez faire, c'est que vous allez gentiment offrir le dessert aux personnes qui sont à notre table, en leur expliquant que c'est pour s'excuser du désagrément de devoir changer de place en cours de repas… puis vous allez nous donner NOTRE table.

Et c'est ce qu'il fit.

La table qu'avait réservée Elizabeth était effectivement la mieux placée de tout le restaurant. Elle se situait exactement à la courbure d'une gigantesque fenêtre qui donnait sur un parc.

Samuel s'installa à sa place. Il hésita un instant à retirer Isaac de son porte-bébé, mais il eut peur que le simple fait de le détacher pour le déposer dans sa poussette soit suffisant pour le réveiller et mettre fin à ce moment de répit. Il avait alors passé une grande partie du repas avec l'enfant pressé contre la poitrine. Si cela avait pu sembler inconfortable pendant les premières minutes, il trouvait cela agréable de pouvoir embrasser le haut de son crâne quand il le souhaitait, et sentir cette odeur indéfinissable qui n'appartenait qu'aux bébés.

Ils commandèrent chacun un cocktail aussitôt installés. Samuel remarqua instantanément que le visage d'Elizabeth avait retrouvé toute sa sérénité.

Ils avaient beaucoup discuté pendant cette soirée-là. Après la journée qu'ils avaient passée, ils avaient blagué sur le fait que deux enfants, c'était largement suffisant. Évidemment, Annabel était arrivée un an et demi plus tard pour les faire mentir.

Mais il s'avère que toutes les périodes difficiles s'effacent bien vite des mémoires pour ne laisser l'impression que d'une succession de moments agréables.

Alors qu'il est encore en train d'attendre l'arrivée de son rendez-vous impromptu à sa compagnie d'assurance, Samuel se replonge dans cette journée qui s'est déroulée 174 ans plus tôt. Il ne sait pas pourquoi, mais il se rappelle avec précision le fait qu'Elizabeth avait discuté avec les personnes de la table d'à côté.

Il s'agissait d'ailleurs du couple qu'ils avaient délogé de leur table. Samuel et Elizabeth mangeaient leur plat et Amelia picorait dans un menu enfant, quand l'enfant de la table d'à côté s'était mis à pleurer. Une petite fille qui ne devait pas avoir plus de six mois et qui s'était mise à hurler à pleins poumons sans qu'il soit possible de comprendre pourquoi.

— Je suis vraiment désolée, s'était excusée la maman du nourrisson en les regardant avec un air contrit.

— Ne vous en faites pas, avait alors lancé Elizabeth avec chaleur. Nous avons passé la journée avec un enfant hurlant sans pouvoir le faire arrêter. Ce n'est pas moi qui pourrais vous en vouloir.

De cette simple interaction, qui avait duré une poignée de secondes, allaient découler plusieurs échanges tout au long du repas.

— Comment s'appelle-t-elle ? avait d'abord demandé Elizabeth.

— Eléanore.

— C'est un si joli prénom, s'était-elle exclamée avec un sourire radieux.

Samuel avait regardé sa femme avec un sourire amusé. C'était tout elle, avec sa chaleur et son empathie, malgré un caractère bien trempé quand cela était nécessaire.

Avec du recul, déjà à ce moment-là, c'était une évidence qu'elle allait réussir à monter et faire grandir une entreprise florissante.

Ils avaient un jour joué à un jeu où ils devaient citer un mot pour désigner l'autre et il avait lâché le mot « résilience » presque sans hésiter.

Elle connaissait ce mot, mais avait voulu en lire la définition dans un dictionnaire.

— Capacité des matériaux à résister aux chocs, avait-elle lu en riant.

Mais c'était évidemment l'autre définition qu'il avait en tête, celle qui parle de la capacité de s'adapter et rebondir face à toutes les situations. Dans un sens, elle pouvait effectivement résister à tous les chocs.

Et pour cause, elle avait résisté au choc de la mort de ses parents et de son grand frère dans un accident de voiture alors qu'elle n'avait que cinq ans.

Elle avait encore résisté à la perte de leur premier enfant. Il s'appelait Damian et il n'avait que quatre mois quand ils l'ont découvert sans vie dans son berceau.

Elle avait encore résisté à la dépression qui avait suivi.

Elizabeth était effectivement faite d'un matériau qui résiste à tous les chocs.

Amelia avait eu la chance d'hériter de ce trait de caractère. Sur la génération suivante, c'est du côté de Rosa que l'on pouvait le trouver. Ce qui expliquait combien le choix de la mettre à la tête de Perseo Industries avait été une évidence.

Samuel ne savait pas si cette résilience pouvait encore se trouver dans la génération suivante. Probablement pas.

— Monsieur Arturo va pouvoir vous recevoir maintenant.

Samuel a des difficultés à émerger de sa rêverie. Il semble être parti tellement loin dans ce souvenir.

— Je… J'arrive, lâche-t-il en se levant.

Il est pris d'un vertige et doit se rasseoir.

L'agent d'accueil l'amène à travers les portiques de sécurité et le fait monter dans un ascenseur.

Quand l'ascenseur s'arrête au dix-neuvième étage, les portes s'ouvrent dans un fracas de métal.

Samuel Davis qui avait fermé les yeux pendant l'ascension de la cabine les réouvre brutalement.

Un homme bedonnant l'attend sur le palier. Il porte une moustache touffue et un costume sombre.

— Monsieur Davis, l'accueille-t-il avec la paume de la main tournée vers le haut. Je suis Alain Arturo, votre conseiller.

Il ne l'aime pas à la seconde où celui-ci s'adresse à lui. Il y a quelque chose de trop mielleux dans sa voix, de faux. Il lui rappelle son premier conseiller bancaire.

— Est-ce que je peux vous offrir un verre d'eau ? Une tisane ? poursuit-il avec le même ton.

Sa gorge est nouée et il aurait bien besoin de boire, mais par principe, il lui répond non d'un signe de la tête et de la main.

Ils s'assoient à son bureau. Le mur qui donne vers celui-ci est en verre et le mur extérieur est également en verre du sol au plafond. Il pense à un bocal. Le mobilier est épuré, minimaliste, pour faire paraître la pièce plus grande qu'elle ne l'est en réalité.

— Que puis-je faire pour vous, monsieur Davis ? prononce-t-il dans un souffle.

Cela l'énerve encore davantage. Il sait parfaitement pourquoi il est là. Pour la simple et bonne raison que :

1- Il doit bien être au courant que les conditions de son contrat d'assurance ont été subitement modifiées hier.

2- L'agent d'accueil au rez-de-chaussée lui a forcément fait un compte-rendu puisqu'ils ont accepté de le faire monter sans rendez-vous.

Il a envie de lui mettre son poing dans le visage… même s'il s'agit de quelque chose qu'il n'a jamais fait de sa vie, sauf en pensées.

Il lui assène donc ce qu'il peut faire de plus proche d'un uppercut à la tête :

— Je pense que vous savez très bien pourquoi je suis là, petit enfoiré.

Alain Arturo ouvre la bouche, puis la referme sans un bruit, comme s'il était en train de mâcher sa moustache.

Samuel poursuit :

— Je vais vous le dire, ce qui m'amène : je suis un très bon client chez vous depuis presque un siècle et demi et j'ai appris hier, le jour de mon anniversaire, que vous changiez soudainement les conditions pour me faire débourser deux millions d'euros par an.

Son agent d'assurance ne semble pas savoir comment lui répondre. Il se pince les lèvres, regarde à droite, puis de nouveau vers lui et chuchote presque :

— En fait, cela fait exactement cent cinquante ans.

— Pardon ?

Il prononce ce mot alors même qu'il a très bien entendu cette phrase. C'est juste qu'il n'en comprend pas encore le sens.

— Je disais que cela fait exactement cent cinquante ans que vous êtes client, répète-t-il plus fort, comme s'il s'adresse à une personne sourde d'oreille. Et le fait est que… vous n'avez pas souscrit cette assurance chez nous. Vous l'avez souscrit chez le KIC, société ensuite rachetée par les Assurances Coopératives, dont la société Regards a fait l'acquisition il y a un siècle. KIC vous avait vendu un contrat « à vie ». Cette notion n'existe pas chez nous, mais, au moment du rachat, nous avons fait la promesse de maintenir les contrats en cours pour une durée de cent cinquante années à partir de leur date de mise en place.

— Vous… vous avez le droit de faire ça ? bégaye Samuel Davis.

— J'en suis désolé, lâche-t-il avec une empathie de façade avant de poursuivre. Nous vous avions notifié par mail lors du rachat de votre assurance pour vous en donner les nouvelles conditions et vous les avez acceptées.

Il ne sait plus quoi dire. Il est trop estomaqué par ce qu'il vient d'entendre. Il ne se souvient évidemment pas de ce mail vieux de 100 années. Mais il sait exactement ce qui s'est passé maintenant. Il a dû recevoir un mail lui annonçant le rachat de sa compagnie d'assurance par Regards. Il devait y avoir un bouton validant que l'on avait bien pris connaissance du changement, sauf que cette mention devait être suivie d'une petite étoile.

Cette même petite étoile devait réapparaître tout en bas du message, stipulant qu'en cliquant sur le bouton « Valider », il acceptait le changement de conditions de son contrat d'assurance. Il va mourir parce qu'il n'a pas lu les petites lignes au bas d'un message un siècle plus tôt. Et par ce simple clic, il a de fait renoncé à pouvoir faire appel.

— On doit certainement pouvoir trouver un arrangement, prononce-t-il sans même y croire.

Alain Arturo regarde son écran d'ordinateur et Samuel a pendant un instant le sentiment que celui-ci a perdu tout intérêt pour cette conversation.

Il se retourne pourtant vers lui :

— Je suis en mesure de vous proposer une chose…

L'espoir que ce début de phrase fait naître chez Samuel n'a même pas le temps de durer plus de quelques secondes.

— … si vous payez cash pour les deux premières années, je suis en mesure de vous offrir les deux suivantes.

Sa proposition se résume à une chose : payer quatre millions d'euros cash.

Il voudrait avoir la force de se lever et de claquer la porte derrière lui, mais ses jambes semblent complètement mortes, incapables de bouger.

— Je vous laisse quelques jours pour réfléchir, termine Arturo en l'aidant à se lever et à sortir de son bureau.

Il est de nouveau dans l'ascenseur qui descend à grande vitesse. Le câble a lâché et la cabine vient se fracasser au niveau du rez-de-chaussée dans un affreux bruit métallique alors que son corps est ratatiné.

Ding. Les portes s'ouvrent.

Cet accident rêvé n'est que le reflet de comment il se sent.

Il avance dans le lobby du bâtiment en ayant le sentiment d'avoir des boules de coton dans les oreilles.

Une voiture autonome l'attend devant la porte et il s'affale à l'intérieur sans donner la moindre indication. Le véhicule décide alors de le ramener chez lui.

Une migraine vient lui scier le cerveau. Il se sent affreusement mal. Tout ce qu'il souhaite, c'est retrouver son lit et se cacher sous la couette. Et c'est exactement ce qu'il fait en rentrant chez lui.

Chapitre 4

209 ans et 2 jours

La journée suivante de Samuel Davis ressemble étrangement à la précédente. Il s'est de nouveau levé tôt pour se préparer et faire le trajet jusqu'à un imposant bâtiment où il n'était pas attendu.

Celui-ci possède le logo Perseo Industries gravé sur une sculpture rouge vif dont il n'a jamais compris la signification.

À ses yeux, cela s'apparente à un mix entre un avion ultra-futuriste et un organe étrange. Elizabeth avait inauguré le bâtiment en dévoilant cette œuvre d'un artiste chinois dont il n'avait jamais réussi à retenir le nom.

Il pense à elle quand il voit la sculpture. Il pense encore à elle quand il arrive devant l'entrée puisque c'est là qu'ils se sont régulièrement retrouvés quand Samuel faisait le chemin pour venir la chercher à la sortie de son bureau.

Il pense toujours à elle quand il sent le parfum des bureaux. Il s'agit d'un arôme qu'elle avait choisi pour être diffusé dans l'air de l'espace d'accueil. Une odeur fraîche de jasmin et de bois. Cela lui rappelle le parfum d'une promenade en forêt au tout début du printemps.

Il n'a pas franchi le seuil depuis quelques secondes qu'il le ressent au plus profond de son être. Ce lieu est hanté pour lui.

Elizabeth y est omniprésente. Il possède des souvenirs d'elle dans quasiment chacune des pièces. Et quand ce n'est pas le cas, il

reconnaît sa touche dans les choix de décoration ou
d'aménagement.

Il a presque envie de ressortir aussitôt du bâtiment.

C'est évidemment agréable de pouvoir ressentir aussi intensément
la présence de sa femme… mais c'est également un sentiment qui
le submerge, qui l'envahit… qui l'étouffe.

C'est comme de retrouver une personne aimée après une longue
période de confinement. C'est plaisant, mais étrange. Il a perdu
l'habitude d'être en sa présence.

Cela lui rappelle le sentiment de son premier voyage seul. Après
avoir parcouru le monde pendant trente-sept années avec
Elizabeth, il avait décidé de retourner à New York City, une ville
qu'il aimait par-dessus tout.

Son adoration pour cette ville défiait l'entendement. Celle-ci ne
reposait sur aucun raisonnement tangible. Si vous faisiez une liste
avec les avantages et inconvénients, la deuxième colonne était
éminemment plus facile à remplir.

New York est une ville qui va trop vite, où le café s'écoule dans ses
veines avec son lot de stress et d'insomnies. Par conséquent, une
bonne part de la population s'avère exécrable. Les SDF vous
insultent copieusement si vous refusez de leur glisser une piécette
dans la main. Les riches vous bousculent dans la rue si vous ne
marchez pas suffisamment rapidement pour suivre le rythme
incessant de la ville. Manhattan est un pot-pourri d'odeurs qui
n'auraient jamais dû se rencontrer : c'est le seul endroit où un
quartier entier peut sentir l'urine mêlée à du poisson en
décomposition. Et si on regarde les prix de l'immobilier, on ne

peut que se demander qui est assez fou pour VOULOIR payer aussi cher pour vivre au milieu de toutes ces choses.

Pourtant, il ne peut s'empêcher d'adorer cette ville.

Quand il remonte Broadway ou la Cinquième Avenue, il a le sentiment permanent d'être projeté dans un film ou une série de son enfance. Ici se trouve la caserne de pompiers utilisée dans SOS Fantômes, là c'est le pont depuis lequel la vie de Tom Cruise bascule dans Vanilla Sky, sur cette plage a lieu une scène magnifique de Requiem for a Dream, c'est sur ce quai de Grand Central que meurt Al Pacino dans un film de Brian de Palma… et ça ne s'arrête jamais.

Visiter New York City est ainsi devenu une sorte de pèlerinage à la pop culture ou aux mythes fondateurs de son adolescence.

Même quand ils y vécurent brièvement avec Elizabeth, c'était devenu une sorte de rituel quotidien. Plutôt que de prendre son temps à faire un vrai repas le midi, il avalait un sandwich en se disant : « Tiens, aujourd'hui je vais essayer de trouver l'emplacement de la scène dans Central Park dans le film Une Journée en Enfer ».

Il adorait ces expéditions et quand ils décidèrent d'emménager dans un environnement moins chaotique… c'est sans aucun doute ce qui lui manquait le plus. Mais quand il prit ses premières vacances seul, New York City adopta une tonalité totalement nouvelle pour lui.

Ce n'était plus un pèlerinage vers son adolescence, mais vers son temps passé avec Elizabeth.

Le Katz's Delicatessen n'était plus le lieu de la scène du faux orgasme dans Quand Harry rencontre Sally, c'était l'endroit où ils avaient mangé en parlant d'avoir leur premier enfant. C'était là qu'ils avaient pris la décision de devenir parents. Le moindre recoin de Central Park avait été arpenté, main dans la main, tous les deux, puis avec Amelia, puis Isaac, puis Annabel… jusqu'à ce qu'ils se rendent compte que des vacances avec trois enfants à New York City étaient une hérésie.

Il ne pouvait plus monter en haut de l'Empire State Building sans ressentir un immense poids peser sur ses épaules. Un abattement qui lui donnait envie de pleurer. Il arriva à se contenir tout le temps, mais ses mâchoires étaient vissées l'une contre l'autre et il sentait son menton trembler.

C'était là où ils avaient passé des heures à regarder le soleil se coucher sur la ville avant qu'elle soit plongée dans une obscurité toute relative, avec ses milliards de points lumineux. Il était inutile de lever les yeux vers le ciel pour voir les étoiles, elles semblaient avoir été déposées sur terre à perte de vue. Ils s'étaient embrassés en regardant ce paysage et il avait presque eu l'impression de ressentir les mêmes sensations que lors de leur premier baiser. Mais le paysage n'était plus le même sans Elizabeth à ses côtés. Il étouffait.

C'est seulement lorsque l'ascenseur avait terminé sa descente et qu'il avait été recraché sur la Cinquième Avenue qu'il avait pu respirer à nouveau pleinement. Il avait eu l'impression d'être en apnée tout le temps où il était en haut du gratte-ciel.

New York était devenue une ville hantée pour lui.

Et aujourd'hui, alors qu'il déambule dans les bureaux de Perseo Industries, c'est ce même sentiment qui l'étreint.

Il aurait pu ressentir de la nostalgie pour sa femme, un agréable sentiment de manque. Mais c'est du chagrin pur et simple qu'il endure, sans qu'il ne sache pourquoi celui-ci renaît autant de temps après sa disparition.

— Je peux vous aider ? le questionne une jeune demoiselle en tailleur noir.

— Oui… volontiers, lâche-t-il sans hésiter. Je souhaiterais voir Rosa Perseo.

Un petit sourire imperceptible se dessine sur les lèvres de la jeune femme. Encore une personne qui pense pouvoir entrer dans un immeuble de bureau et demander à voir le CEO.

— Puis-je vous demander l'objet de votre visite ?

Il ne peut évidemment pas l'expliquer à une étrangère et préfère utiliser le sésame qu'il lui a déjà ouvert de nombreuses portes.

— Je suis Samuel Perseo. Je suis son grand-père…

— … le mari d'Elizabeth Perseo, termine-t-elle dans un souffle admiratif.

Elle est en présence d'un pan de l'histoire de cette entreprise.

— Tout de suite, monsieur Davis, se reprend-elle avant de pianoter un numéro sur la mini-tablette accrochée à son bras. Je peux vous offrir un thé en attendant ?

— Si vous avez du roiboos je veux bien, lâche-t-il avec un sourire.

Elle lui sourit toujours quand elle prononce :

— Madame Perseo, j'ai M. Samuel Davis à l'accueil. Il souhaite vous voir.

Elle parle évidemment dans l'oreillette dissimulée sous sa chevelure noire, avant de poursuivre à son égard cette fois :

— Elle va vous recevoir dans un instant… Je vais vous chercher
votre thé.

Il s'installe dans un fauteuil face à l'accueil et ne peut s'empêcher
de se demander si ce rendez-vous sera aussi peu productif que
celui de la veille. Il ne l'espère pas… sinon il n'a aucune idée de ce
qu'il pourra faire d'autre. Son plan d'action s'arrête là, dans une
tour dont il a participé à l'inauguration il y a Dieu sait combien de
temps.

La jeune demoiselle revient avec une tasse fumante. Dès qu'elle
arrive à son niveau, il peut déceler l'arôme de la boisson qu'il lui a
demandée. Il sourit. Cette odeur lui rappelle tant de souvenirs…
mais il se passe la main sur le visage comme pour se forcer à rester
concentré et ne pas se laisser rebasculer dans un souvenir. Il n'y est
que bien souvent depuis quelques jours. C'est bien simple…
dernièrement, il a l'impression de vivre davantage dans ses
souvenirs que dans le présent.

C'était peut-être un effet de la relativité. Si le temps s'écoule de
plus en plus vite à mesure du vieillissement, peut-être que les
souvenirs prennent le pas sur les autres pensées puisque par
comparaison… vous avez tellement plus de souvenirs que de
moments à vivre au présent ou à l'avenir.

Samuel Davis reste bien quarante-cinq minutes dans ce
fauteuil. Il est pourtant en suspension sur son siège, toujours à
surveiller les visages qui apparaissent à la sortie des ascenseurs
pour se lever en voyant celui de sa petite-fille. Mais elle n'arrive
pas. Il commence à perdre patience avant de se rappeler
l'évidence : Rosa Perseo est la CEO d'une entreprise approchant

du top dix des plus hautes capitalisations boursières, autant grâce à ses résultats financiers que pour son respect des nouveaux critères environnementaux.

Dans son esprit, il pense au fait que ces critères sont nouveaux, mais le fait est que cela fait très certainement près d'un siècle qu'ils ont été instaurés.

Quelqu'un sort de l'ascenseur après un long moment sans mouvement et Samuel est de nouveau aux aguets. Mais il s'agit d'une jeune femme à la longue chevelure rousse.

Il détourne le regard, mais c'est bien vers lui qu'elle se dirige.

— Bonjour, monsieur Perseo, je suis Amanda Torres, l'assistante de Rosa.

Il se rappelle à nouveau une évidence : bien sûr qu'elle n'allait pas venir en personne. Rosa Perseo est la CEO d'un empire florissant. Samuel hésite à corriger l'assistante : lui signifier qu'il ne s'appelle pas « Monsieur Perseo », mais « Monsieur Davis », lui expliquer qu'il a eu la vanité de garder son nom en se mariant. Mais c'est inutile, il a pris l'habitude de se faire appeler par le nom de famille de sa femme. Après tout, Elizabeth est une figure publique et cela semble naturel pour tout un chacun qu'il n'est qu'un accessoire dans son histoire.

Miss Torres le guide vers les ascenseurs et appuie sur le numéro dix-neuf dans un mouvement réflexe. Le bâtiment ne compte évidemment pas de vingtième étage.

Samuel sait déjà que le dix-neuvième étage ne compte qu'un seul bureau : celui de sa CEO. L'ensemble de l'espace restant est occupé par plusieurs grandes salles de réunion et de brainstorming pour que l'ensemble des discussions stratégiques se fassent à deux pas de son bureau et qu'elle puisse surgir et s'éclipser de toutes ces discussions à loisir.

Les portes de l'ascenseur s'ouvrent et Samuel doit plisser les yeux face à la vague de lumière qui l'inonde.

Il se dit que cela donne peut-être un effet contre-productif : celui d'arriver en présence d'un Dieu, aux portes du paradis… si jamais il croyait encore à toutes ces choses. Ce qui n'est plus le cas depuis ses douze ans.

Il fait quelques pas et il saisit très rapidement la présence de Rosa Perseo dans son champ de vision. Elle s'approche et le prend dans ses bras brièvement. Il y a de la chaleur dans cette étreinte, mais très maîtrisée, sans effusions inutiles.

— Bonjour, Samuel. Que puis-je faire pour toi ?

Ce dernier sourit : il reconnaît dans ces propos l'efficacité des Perseo. Il ne faut pas perdre un instant et aller droit au but.

— Tu connais ma situation donc je ne vais pas tourner autour du pot.

Une fois prononcé ce préambule, il pourrait évidemment se lancer immédiatement dans le vif du sujet. Il n'arrive pourtant pas à s'y résoudre.

— Mais tu sais très bien que je ne viendrais pas vers toi si je n'avais pas d'autres solutions. Si je n'avais pas déjà réfléchi aux autres alternatives.

Un sourire contrit apparaît aux lèvres de sa petite-fille, elle sait précisément ce qu'il va lui demander, mais elle le laisse poursuivre :

— Je déteste faire cela… mais ce n'est certainement pas l'aumône que je demande. Je voudrais voir avec toi s'il y aurait une place pour moi à Perseo Industries. J'ai de très nombreuses compétences et je suis sûr que je peux vous apporter de la valeur.

Depuis quand n'as-tu plus travaillé, Samuel ? C'est la question qui traverse l'esprit de Rosa, mais elle ne la formulera pas : elle ne souhaite pas le blesser. Elle lui donne donc une raison beaucoup plus définitive :

— Tu sais très bien que je ne peux pas faire cela, Samuel. Grand-mère Elizabeth avait signé une charte pour mettre fin au népotisme. Pour couvrir les frais médicaux ou récolter la somme demandée par l'assurance, tu recherches forcément un poste à très forte rémunération. Je dois avant tout prioriser l'interne pour aller donner une promotion à nos meilleurs éléments… et surtout pas parachuter mon grand-père qui n'a plus mis les pieds dans ce bâtiment depuis un siècle.

Samuel a le même sentiment que si elle venait de lui décocher un coup de poing dans l'estomac. Il sait pourtant que ce n'est pas personnel. Elle l'a bien dit : c'est sa très chère Elizabeth qui a mis tout en place pour éviter qu'un dirigeant s'entoure de ses amis et de sa famille.

— Je comprends, prononce-t-il d'une voix blanche.

Pour la simple et bonne raison que ce qu'il comprend surtout, c'est qu'il va mourir… parce que les alternatives deviennent de plus en plus minces.

Rosa continue de le regarder avec une moue compatissante.

— Tu n'hésites pas si je peux faire quoi que ce soit pour toi…

Elle se reprend en voyant le sourire crispé que cela fait naître chez son grand-père :

— Quelque chose d'autre que ce que tu viens de me demander.

La réponse toute prête dans sa tête, ce sont les mots : « Deux millions d'euros », mais il ne les prononce pas.

Ça ne marche pas comme cela. Ce n'est pas à une petite-fille de donner autant d'argent pour qu'un ancêtre soit en mesure de vivre une malheureuse année de plus.

À son âge, une année s'écoule en une poignée de secondes et deux millions d'euros, cela fait cher la seconde.

Cette pensée devrait l'apaiser, mais il perd aussitôt pied.

Parce que -bon sang- qu'est-ce qu'il lui reste d'autre que de chercher par tous les moyens à trouver des extensions de vie ?

Samuel a toujours aimé collectionner les choses. Il a collecté 209 années, et qu'est-ce qui vient après 209 ? 210. Puis 211. Maintenant qu'il sait que la mort est optionnelle… comment faire pour se contenter de 209 ans ?

Rosa Perseo pose sa main sur son épaule alors qu'il commence à se diriger vers l'ascenseur.

— Tu as pensé à revendre le manoir d'Elizabeth ? lui demande-t-elle.

Il ne relève pas le fait qu'elle le désigne toujours comme le manoir de sa femme. Elle a raison après tout. C'est son argent uniquement qui en a permis l'achat. C'est elle qui l'avait déniché par le biais d'une connaissance. C'est encore elle qui avait piloté les travaux de rénovation et d'agrandissement.

— Tu n'y penses pas vraiment ? s'indigne Samuel. Et puis où est-ce que j'irais ?

— Dans plus petit, répond-elle du tac au tac.

Rosa a évidemment réponse à tout. C'est son métier de ne jamais laisser un problème sans y apporter une solution rapide et efficace.

— Mais l'idée même que cette propriété ne soit plus dans la famille… tu imagines ? Je ne peux pas. Elizabeth n'aurait pas voulu de cela.

— Elle n'est plus là, assène-t-elle sans hésitation.

Samuel comprend qu'il n'aura jamais l'ascendant dans une conversation avec Rosa. Il décide donc d'y mettre fin :

— Je vais y réfléchir, promet-il.

Mais ils ont tous les deux la certitude qu'il s'agit d'un mensonge.

— Tu n'en voudrais pas toi du manoir par hasard ? prononce-t-il soudainement sans avoir prémédité la question.

Elle semble amusée par la question et apporte, évidemment, une répartie immédiate :

— Je n'ai pas des millions d'euros à mettre dans un souvenir.

Cette fois ce n'est pas un coup de poing à l'estomac, mais un double-uppercut dans le menton. Il se sent K.O.

Est-ce vraiment comme cela qu'elle perçoit le manoir ? Comme un simple souvenir.

Et comment le voit-elle, lui ? Comme une réminiscence du passé ? Comme quelque chose d'obsolète qui s'accroche à la vie.

À cet instant précis, il ne sait pas s'il est en train d'essayer de deviner les pensées de Rosa, ou si c'est sa dépression qui s'exprime à travers elle.

— Je devrais y aller, prononce-t-il d'une voix sans timbre.

Elle comprend alors qu'elle l'a blessé.

— Je suis désolée, Samuel, lance-t-elle en le serrant une dernière fois dans ses bras. Je voudrais vraiment pouvoir t'aider… mais je ne peux pas.

Sans dire un mot, celui-ci pense au fait qu'elle n'a pas beaucoup
essayé, mais il décide de ne rien dire. Il veut rester digne.

— Je te dis à bientôt, prononce Samuel sans y croire.

Quand il quitte sa petite-fille à cet instant précis, il est persuadé de
ne plus jamais la revoir. Ce « à bientôt » est un adieu mal-
dissimulé.

Elle le perçoit d'ailleurs et lui fait comprendre :

— Oui, on se revoit très vite, grand-père… et ça va aller.

Il ne sait pas très bien comment elle peut dire que cela va aller.

Rien - absolument rien - ne laisse entendre que la situation va
s'arranger. Il suppose pourtant qu'il s'agit du genre de chose que
l'on dit quand on ne sait pas quoi dire d'autre.

C'est presque un thème récurrent de sa vie : remarquer combien la
plupart des mots que l'on prononce sont un automatisme.

— Bonjour. Comment ça va ? Je suis désolé. Toutes mes
condoléances.

Des mots que l'on prononce sans les penser, juste parce que c'est
ce que la situation invite à prononcer. Et il pense alors à la pire
suite de mots qu'il a entendu dire par réflexe… juste parce que la
situation invitait à les prononcer :

— Je t'aime.

Heureusement, Rosa Perseo ne les prononce pas. Et ce n'est pas du
tout du genre de sa petite-fille de les dire sans raison. Il doute
même qu'elle les dise régulièrement à son propre mari.

Samuel Davis ne se sent pas bien. Et même s'il ne veut pas se
montrer mélodramatique, il prononce un dernier mot avant de
reprendre l'ascenseur :

— Adieu.

Les portes se referment et elle n'a pas eu le temps de lui signifier combien il est bête de penser qu'ils ne se reverront plus.

C'est la dernière fois que je la voyais, se dit Samuel… et il n'a pas le moindre doute sur cette information.

Chapitre 5

209 ans et 3 jours

Les jours défilent, le rapprochant toujours et encore du 209 ans et 12 jours qui l'amèneront à l'hôpital, avec la possibilité de ne jamais ressortir de cette chambre stérile où ils tenteront de réaliser une opération complexe de son appareil digestif. Des organes qu'ils imaginent comme la membrane des ailes d'une chauve-souris, fine et trouée par endroits.

Il avait pensé trouver une solution en allant dans les bureaux de sa compagnie d'assurance… puis il était confiant dans le résultat de sa visite de Perseo Industries. Il avait depuis le début contemplé cette solution comme étant sa dernière issue. Mais il ne s'était pas attendu à un « non » catégorique, sans même la moindre alternative.

Pour la première fois depuis qu'il a appris que son immortalité était menacée, Samuel décide de ne pas chercher de réponses en dehors de chez lui. Pour cette troisième journée « en suspens » comme il se considérait lui-même depuis son anniversaire, il va s'efforcer d'explorer les solutions à l'intérieur de lui-même.

La situation est simple : à défaut d'avoir trouvé un arrangement avec son assurance, il a besoin de trouver de l'argent, beaucoup d'argent, pour soutenir son train de vie et les multiples opérations qui allaient lui permettre de rester en vie.

L'interrogation principale est donc basique au possible : comment gagner de l'argent ?

Comme Perseo Industries n'est pas en mesure de venir lui apporter une solution, il va lui falloir trouver un autre job.

Il avait été consultant en transition énergétique pendant de nombreuses années. Pourtant, toutes les entreprises avaient effectué leur transition depuis bien longtemps maintenant.

Il a du mal à imaginer qui pourrait encore avoir besoin de ses compétences.

Samuel se persuade cependant d'avoir une très forte capacité d'adaptation, d'être suffisamment créatif pour avoir les moyens d'apporter un point de vue neuf à toutes entreprises qui auraient la chance de l'engager.

Alors même qu'il formule cette pensée dans son esprit, il doute fortement de sa véracité.

— Je ne suis plus bon à rien, prononce-t-il depuis son lit en réalisant combien ses expériences sont inutiles.

Il se rappelle combien il était difficile de justifier un trou de deux ou trois ans sur un curriculum vitae, alors comment expliquer une ellipse proche d'un siècle et demi ?

Quelles sont ses compétences clefs ?

Il était créatif du temps où il était père… l'est-il encore alors qu'il est arrière-arrière-grand-père ? Il n'a aucune certitude sur ce sujet.

Peut-être ne possède-t-il aucune compétence utile à ce siècle ?

Il est pourtant décidé à ne pas perdre espoir aujourd'hui.

En se réveillant, Samuel a choisi de se focaliser sur les solutions et ne jamais laisser les problèmes le submerger.

Il n'a pas les compétences… soit. Dans ce cas, il va en apprendre d'autres.

Il commence donc à regarder les formations qui lui permettraient d'acquérir les compétences utiles pour le marché du travail d'aujourd'hui.

Il parcourt des pages web les unes après les autres, scrollant jusqu'en bas avant de fermer l'onglet et de faire la même chose avec la suivante. À chaque fois, il a le sentiment de ne pas être plus avancé.

Samuel découvre alors une plateforme nommée Jobexo qui propose de faire votre bilan en quelques minutes et de vous conseiller. Il entre donc toutes les informations les unes après les autres.

Nous sommes en 2195, sa dernière expérience date de 2048, en tant que consultant pour la transition énergétique pour le compte de grandes entreprises, notamment de la mobilité et de l'alimentation. Il avait le rôle d'associé dans un cabinet nommé Neworld. Celui-ci avait cessé son activité en 2098.

Auparavant, il avait travaillé comme Chargé de communication Développement Durable pour une multinationale de l'énergie. Et encore avant, cela il avait fait un stage dans une banque.

Une fois qu'il découvre tout son parcours professionnel étendu face à lui sur trois lignes, il se dit que c'est peine perdue. Pourtant, il insiste. Pas de problèmes aujourd'hui, que des solutions.

Il remplit la partie formation et répond à quelques questions censées évaluer vos capacités relationnelles, créatives et d'adaptation.

Une fois le formulaire rempli, il clique sur le bouton « Bilan personnalisé » et une discussion en visioconférence débute instantanément.

Le visage d'une jeune femme apparaît et celle-ci se présente aussitôt :

— Bonjour, monsieur Davis. Je suis Julia Mai, à votre service.

— Bonjour, dit-il en se recoiffant du plat de la main en découvrant son visage dans le petit carré de retour vidéo en bas à droite de l'écran.

— Je vois que vous avez quitté le monde du travail il y a… quelque temps, lâche-t-elle avec un sourire face à l'euphémisme que représente cette déclaration. Cela tombe bien, nous avons une offre qui s'adapte parfaitement à cette situation.

— Une offre ? questionne-t-il.

— Oui ! Jobexo est une entreprise de conseil spécialisé dans l'accompagnement professionnel. Avec le forfait Gold, vous serez en mesure d'être suivi par plus de quinze spécialistes qui vous coacheront au fil des mois pour vous donner toutes les clefs pour votre recherche actuelle.

Samuel n'avait pas compris qu'il s'agissait d'une première étape vers un programme d'accompagnement payant, il s'attendait à être conseillé et à pouvoir réaliser la suite par lui-même. Il hésite à mettre fin à l'appel, mais il demande :

— Combien cela va me coûter ?

— La vraie question est : combien cela va vous rapporter ? rétorque la commerciale en souriant. Nous avons un taux d'emploi au sortir de nos programmes de l'ordre de soixante-dix-huit pour cent. Le forfait Gold est fixé à deux mille cinq cents euros par mois, avec une durée moyenne de quatre mois d'accompagnement. Il ne faut qu'un dixième de seconde à Samuel pour faire le calcul mental et arriver à dix mille euros pour les quatre mois.

— Cependant, ajoute Julia en levant un doigt. Au vu de votre situation… nous ne pouvons vous promettre de résultat que si vous optez pour un engagement de huit mois. Le retour à l'emploi après autant de temps est un vrai challenge qui demande évidemment plus de temps.

Vingt mille euros.

C'est un vrai investissement… mais ce n'est pas cette information qui rend cette solution si inaccessible. Le vrai investissement demandé est en temps… il n'a pas huit mois devant lui pour préparer l'avenir. Parce que huit mois, c'est peut-être tout ce qu'il a en termes d'avenir.

Il ne met pourtant pas fin à la conversation immédiatement. Il est résolu à transformer cet appel en quelque chose de productif :

— Il faut que je réfléchisse… mais est-ce que vous êtes en mesure de m'en dire plus sur ce que vous allez me proposer de faire concrètement pendant ces huit mois ?

Julia semble hésiter un instant, puis lui détaille d'une voix monocorde :

— Il faudra tout d'abord que notre équipe d'experts passe un peu de temps avec vous pour identifier les compétences que vous aviez acquises et voir comment nous pouvons les translater à la période actuelle.

Samuel Davis sourit en entendant le terme « translater », un vieux terme français qui partage la même racine que le mot anglais « translate » : traduire. Dans l'esprit de la jeune femme, les compétences qu'il possède ne sont plus de la même culture qu'aujourd'hui, il faut réaliser un travail de traduction pour qu'elles soient compréhensibles. Il a presque le sentiment d'avoir écrit son curriculum vitae dans une langue morte. En phénicien, en picte, ou peut-être en ancien égyptien… la langue que parlaient les pharaons.

La jeune Julia poursuit sans s'arrêter :

— Nous allons ainsi passer en revue l'ensemble des grandes classes de métiers pour essayer de trouver celui qui sera le plus proche de vos aspirations. Nous avons également une série de coachs qui seront en mesure de vous accompagner dans l'apprentissage des capacités manquantes et dans la prise de rendez-vous.

Samuel ne se sent pas plus avancé qu'avant son appel. Une dernière question vient pourtant de surgir dans son esprit, ou peut-être était-elle là depuis le début, mais il n'avait pas voulu la laisser prendre racine :

— Et de votre expérience, les entreprises n'ont pas de problèmes avec le fait d'engager des personnes de plus de 200 ans ? Ce n'est pas un frein pour elles…

Pour la première fois de l'appel, son interlocutrice semble décontenancée. Elle bégaye :

— Euh… je… je ne sais pas trop. Je pense qu'il… qu'il s'agit d'une question qu'il faudra poser à nos coachs lors de vos premières séances.

Elle paraît retrouver pied en formulant cette réponse.

— Ce que vous voulez dire, résume Samuel, c'est que je dois payer pour savoir. Comme ça l'argent sera déjà sur votre compte en banque quand vos experts m'apprendront qu'aucune entreprise n'a très envie de se payer les services d'une personne aussi âgée que moi. N'est-ce pas ?

Cette fois, la jeune femme semble complètement pétrifiée. Il se demande un instant si ce n'est pas le flux vidéo qui s'est figé, mais il sait très bien que ce n'est pas le cas… nous ne sommes plus en 2020.

— Je vous remercie de votre aide, Julia, explique-t-il alors. Mais je vais m'en tirer par moi-même. Je n'ai pas besoin de…

La conversation s'achève au milieu de sa phrase et un message s'affiche au centre de la page :

— Est-ce que cet échange a répondu à vos attentes ?

En dessous, un système d'étoiles lui demande de noter sur cinq la qualité de son interaction. Il met le minimum d'étoiles sans même hésiter et se voit présenter un message lui promettant cinq pour cent de remise sur leurs programmes avec un lien d'achat.

Samuel quitte la page.

Il n'est pas très optimiste sur sa capacité à découvrir une voie toute tracée pour lui permettre d'identifier un métier adapté à ses compétences et qui soit bien payé. Pourquoi cela doit-il être aussi compliqué ?

Alors qu'il réfléchit, son regard se pose sur une grande photo panoramique qui décore la pièce. Il s'agit d'une photo qu'il a prise sur une plage de Cape Town, à Camps Bay. Et le souvenir de son voyage en Afrique du Sud le submerge comme une vague puissante qui vous fait tomber dans l'écume, les fesses sur le sable. C'était très certainement parmi les plus belles vacances qu'il avait passées. Et tout semblait si simple à l'époque.

Ils avaient passé trois semaines de janvier à Cape Town. Sauf que, bien sûr, c'était l'été dans cette zone du monde… et le sapin de

Noël géant en face du centre commercial était accueilli par une température de trente-cinq degrés Celsius.

Elizabeth et Samuel avaient loué une très grande maison qui donnait directement sur l'océan. Les affaires commençaient déjà à très bien tourner pour Perseo Industries et c'était la première fois qu'ils s'offraient de vraies vacances… sans travailler, et sans enfants… puisqu'ils étaient restés avec des grands-parents en France.

Ils ne se lasseraient jamais de la vision de Table Mountain au loin, cette table des géants nappée d'une mousseline de nuages blancs. Du pic rocheux de Lion's Head à ses côtés, de l'océan immense que plus rien n'arrêtait jusqu'à l'Antarctique.

Aucune de leurs connaissances proches n'avait jamais visité l'Afrique du Sud, et même s'ils étaient loin d'être les premiers touristes dans cette ville aux quatre cent cinquante mille habitants, ils avaient l'impression de découvrir un territoire inexploré.

— Bon sang, s'était écriée Elizabeth. Comment cela se fait-il que personne ne nous a dit de venir à Cape Town auparavant ?

Ils avaient tout d'abord commencé par passer leurs premiers jours immobiles dans la piscine de leur maison, faisant la planche en regardant un grand arbre au-dessus d'eux s'ébrouer au rythme du vent, se promenant au bord de l'océan, découvrant d'excellents restaurants où l'on se régalait pour une bouchée de pain. Puis ils avaient décidé dès la deuxième semaine de profiter de ce moment rien qu'à eux pour reprendre leurs activités artistiques mises en suspens par une vie qui les avait pris de vitesse.

Samuel Davis s'était remis à écrire de la science-fiction, comme lorsqu'ils étaient au lycée. Elizabeth Perseo avait acheté de grandes toiles sur lesquelles elle peignait des visions oniriques inspirées de la Nature autour d'eux.

Et chaque soir, ils mangeaient divinement bien, arrosant leurs repas de vins sud-africains qu'ils ne retrouveraient jamais une fois quitté le pays.

Ils n'avaient besoin de rien d'autre. Ils avaient de beaux paysages, une vraie connexion avec la Nature, du temps pour lire, écrire, peindre… et faire l'amour comme ils ne l'avaient plus fait depuis la naissance des enfants.

Dans un coin de la propriété, un vaste jardin potager leur offrait tout ce dont ils auraient pu avoir besoin pour se nourrir : des tomates sucrées, des pastèques gargantuesques, des mangues, des myrtilles, des courgettes…

Elizabeth et Samuel s'étaient vite pris à l'illusion qu'ils n'avaient besoin de rien d'autre… qu'ils pourraient vivre ainsi jusqu'à la fin de leurs vies.

Ils allaient devenir artistes pour maintenir la stimulation intellectuelle dont ils avaient tant besoin… mais au-delà de cela, que l'univers oublie leur existence, ils avaient le sentiment d'avoir trouvé le paradis sur terre.

C'est d'autant plus étrange qu'ils n'y étaient jamais retournés après cela, même si cette parenthèse enchantée les avait accompagnés pendant de longues années comme l'un des meilleurs moments de leurs vies.

Ce souvenir, Samuel sait précisément pourquoi il lui revient à l'esprit à cet instant précis. Après 209 ans, il lui reste encore le regret de ne jamais avoir été publié… de ne jamais avoir été reconnu pour son art. Il ne sait pas si c'est parce qu'il n'a jamais suffisamment insisté pour trouver le bon éditeur, ou s'il n'est tout simplement pas assez bon écrivain, mais il sait que sa vie rêvée, c'est une vie où il aurait vécu de son écriture. Peut-être depuis une petite maison qui donne sur l'océan à Cape Town ?

Et c'est à l'âge de 209 ans et 3 jours qu'il comprend définitivement que cela n'arrivera jamais. À partir de maintenant, il va devoir se battre pour survivre jusqu'au jour où cela ne sera plus possible. Mais penser qu'il aura suffisamment de temps pour écrire un roman et le faire publier pour que les bénéficies lui permettent de payer les factures… il s'agissait d'une vie alternative qui s'éteignait à jamais. Elle n'aurait jamais lieu.

Cette vie alternative allait ainsi rejoindre les très nombreuses autres qui peuplaient le cimetière des possibles de son existence. Il ne se sera jamais vraiment épanoui dans son travail. Il avait trouvé quelques satisfactions dans celui-ci, mais pas ce que l'on pourrait appeler de l'épanouissement professionnel. Puis son salaire était vite devenu obsolète dans le compte du ménage et il s'était avéré plus utile à la maison.

Il ne se sera jamais battu pour ses idées. Les générations précédentes avaient mené la lutte contre l'esclavage, puis la ségrégation raciale, pour le droit de vote des femmes et l'égalité de leurs droits. Sa génération avait réussi à gagner le combat face à la crise climatique… mais il n'avait certainement pas eu un rôle actif. Sa seule contribution avait été de trier ses déchets et de réduire sa consommation de viande. Maigre effort comparé aux derniers membres des tribus amérindiennes qui s'étaient sacrifiées pour empêcher la construction de pipelines de pétrole sur leurs terres.

Il ne sait pas pourquoi, mais le visage de Greta Thunberg lui revint en tête, arguant qu'elle sacrifiait ses jeunes années pour créer le réveil des consciences. Elle viendrait par la suite mettre en place des politiques parmi les plus ambitieuses au monde quand elle prendrait le titre de Première ministre de la Suède au milieu des années 2030.

Samuel Davis doit faire le deuil de toutes ces vies qu'il n'aura pas vécues, de tous ces embranchements qu'il n'aura pas explorés. Jusqu'à présent, ces vies alternatives étaient son chat de Schrödinger. Dans cette fameuse expérience de pensée, tant que vous n'avez pas ouvert la boîte... vous ne pouvez pas savoir si le chat à l'intérieur est mort ou vivant et il est donc considéré simultanément comme étant mort ET vivant.

C'est le sentiment qu'il ressent quand il repense à l'ensemble des vies qu'ils auraient pu vivre, des choses qu'il n'a pas faites, des discussions qu'il n'a pas eues, des amies qu'il n'a pas embrassées...

Mais jusqu'au bout de son existence, de nombreux chemins alternatifs lui semblaient être encore ouverts : il pouvait partir à l'autre bout de la planète et écrire des romans pour l'éternité. Il n'avait pas ouvert la boîte de cette possibilité, ce qui la laissait simultanément vivante et morte.

Sauf que maintenant, la boîte commençait sérieusement à sentir la charogne et les mouches s'agglutinaient sur les coutures mouillées de celle-ci. La porte se refermait sur toutes ces vies qui n'auraient définitivement jamais lieu.

D'une vie qui avait débuté pleine de possibilités, il ne restait guère plus que quelques malheureuses portes disponibles au milieu des milliers qui étaient condamnées.

Si la vie était un couloir, il serait en train de se refermer sur lui. Les murs se rapprochant l'un de l'autre, le plafond de moins en moins haut jusqu'à se réduire à la taille d'une tête d'épingle.

Cela devenait de plus en plus complexe de garder une part d'optimisme face à la situation.

Le troisième jour de sa 209e année s'achevait, et il ne savait absolument pas combien il lui en restait.

Chapitre 6

209 ans et 4 jours

— Tu as pensé à revendre le manoir d'Elizabeth ?

Les mots de Rosa Perseo lui reviennent en mémoire. Il avait immédiatement repoussé cette alternative. Et pourtant, celle-ci lui retourne en tête alors qu'il s'éveille à cinq heures trente du matin. Les lueurs d'espoir se sont éteintes les unes après les autres. Il a l'impression d'avoir épuisé toutes ses cartouches. Tout ce qui lui reste, c'est ce manoir. Et c'est ce qui rend cette alternative tellement difficile à contempler.

Il se décide finalement à appeler l'agence immobilière la plus proche.

— Cela ne m'engage à rien, se dit-il. C'est juste pour savoir.

Bien sûr, il est conscient que ce n'est pas aussi innocent que cela, savoir est la première étape vers la revente du manoir. Une fois armé de l'estimation de prix de la propriété, ce sera encore plus compliqué de ne pas la vendre.

Un sentiment qui se renforce après la brève conversation qu'il a avec Pénélope Beaulieu, l'agent immobilier qui a répondu à son appel :

— Bonjour ! Samuel Davis à l'appareil, je souhaiterais faire estimer un bien immobilier.

— Monsieur Davis, prononce la voix dans le combiné avec un mélange de surprise et d'excitation. Bien sûr ! Est-ce qu'il s'agit d'une estimation pour le man… euh pour votre résidence principale ?

Elle sait clairement qui il est, et le manoir doit être une sorte de serpent de mer de la profession : quand est-ce que la famille Perseo/Davis va-t-elle enfin mettre sur le marché leur superbe manoir ?

Samuel a entendu dire que le marché de l'immobilier ne se portait pas particulièrement bien avec le nombre de personnes qui restent dans la même maison pour un siècle ou deux.

— Oui, répond-il. C'est bien pour vendre le manoir.

— Je… je peux être là dans la matinée.

La précipitation de la femme au bout du téléphone l'arrange bien… il ne sait pas combien de temps il lui reste.

— Est-ce que vous avez contacté d'autres agences, monsieur Davis ? demande la voix en tentant de masquer la pointe d'appréhension qui est pourtant bien là.

— Est-ce que je devrais ?

— Non ! Non ! Laissez-moi le temps de venir jusqu'à vous… je peux être là dans trente minutes. Et je vous promets que vous n'aurez pas besoin d'appeler d'autres agences.

Plus la conversation avance, et plus la curiosité de Samuel est piquée : mais combien peut bien valoir la propriété ? À entendre la voix de Pénélope Beaulieu, un sacré paquet d'argent.

Il commence à parcourir les différentes pièces pour remettre de l'ordre, que ce soit présentable lorsque celle-ci demandera à en faire la visite.

Il tourne la poignée de porte de la suite parentale, une chambre où il s'est refusé de dormir depuis qu'il est contraint d'être le seul occupant du lit. La pièce n'a ainsi pas changé depuis. La décoration est exactement la même que du temps d'Elizabeth.

Un vaste miroir s'étale sur le mur face à la fenêtre donnant le sentiment d'une pièce aux dimensions beaucoup plus grande qu'en réalité. Un tableau est positionné juste au-dessus de la tête de lit et il se demande soudainement si celui-ci n'aurait pas acquis de la valeur avec le temps.

Il ne s'agissait pas d'un Chagall ou d'un Manet, mais Elizabeth avait toujours eu le chic pour dénicher des peintres au début de leurs carrières.

Le tableau représentait un paysage de nature sauvage à la nuit étoilée où les arbres, les animaux, les flancs de montagnes ne sont qu'à peine révélés par la lumière nocturne.

Ce qui se détache du tableau, ce sont les milliers d'étoiles qui scintillent d'un éclat blanc dans le ciel d'un noir très légèrement bleuté.

Samuel devra probablement appeler une galerie d'art pour faire expertiser les différents tableaux présents dans le manoir.

Même s'il sait que, bien qu'il n'ait pas posé les yeux sur ce tableau depuis plusieurs décennies, il aurait beaucoup de mal à se faire à l'idée de le vendre.

La sonnerie de la porte retentit d'un « dring » long et clair qui l'extirpa de la contemplation du tableau.

Qui est-ce que cela peut bien être ?

Il lui faut une seconde entière pour se rappeler que l'agent immobilier devait passer ce matin. Pénélope Beaulieu avait dit que cela lui prendrait trente minutes pour venir, cela ne fait que dix-neuf minutes qu'il a raccroché son téléphone.

— J'arrive, j'arrive, crie-t-il pour la faire patienter.

Lorsqu'il pénètre dans l'entrée, il s'arrête un instant pour regarder son reflet dans le miroir. Cet excès de vanité le fait presque sourire. Il semble important pour lui de rester présentable jusqu'au bout. Quand il ouvre la pièce, une femme d'une quarantaine d'années à la longue chevelure rousse attend sur le pas de la porte toute vêtue d'un bleu pâle.

Elle prononce alors son nom comme s'il lui était nécessaire de se représenter vingt minutes après leur échange téléphonique.

Samuel serre la main qu'elle tend en articulant son nom à son tour, un réflexe là aussi complètement superflu.

— Comment allez-vous ? demanda-t-elle avec l'expression de quelqu'un qui est vraiment intéressée par la réponse. Cela ne semble pas être simplement une formule de politesse à ses yeux.

Il ne va pourtant pas lui offrir une réponse totalement honnête… se contentant de lui lancer un « tout va bien et vous ? » très cordial, comme s'ils étaient à un dîner de gala.

— Je vais bien merci ! rétorqua-t-elle.

— Je peux vous offrir un café, madame Beaulieu ?

— Appelez-moi Pénélope s'il vous plaît… et je préférerais m'y mettre tout de suite si cela ne vous dérange pas.

— J'imagine que vous allez vouloir que je vous fasse faire le tour de la propriété ?

— Est-ce que cela vous dérange si je m'occupe de faire le tour par moi-même ?

— Euh… non ! Je vous en prie.

— Et est-ce que cela vous dérange si je prends des photos ?

— Pas du tout.

Elle s'éclipse alors immédiatement dans la première pièce.

Samuel Davis se retrouve seul dans le salon, se préparant un café en attendant que l'agent immobilier revienne vers lui.

Elle quitte ce qu'il sait être le bureau d'Elizabeth et il décide alors de redécouvrir cette pièce.

Tout comme la chambre parentale, c'est une espace où il n'a pas passé plus de deux minutes depuis des décennies.

Il est même surpris de trouver le MacBook Pro de sa femme encore posé sur le bureau en merisier qui trône au centre de la pièce. Une couche de poussière en recouvre chaque centimètre carré.

Le mur de gauche est une bibliothèque de haut en bas. Il y voit aussi bien des livres de Yuval Noah Harari que de Stephen King, de Naomi Klein que de Chuck Palahniuk. Il n'a probablement pas lu un centième des livres présents sur ce mur. Il sait pourtant qu'Elizabeth devait très certainement en avoir lu au moins quatre-vingt-dix-neuf pour cent.

Rare sont les espaces du meuble qui ne sont pas occupés par des ouvrages de fictions ou des essais. Il remarque une boîte A4 noire. Il décide de l'ouvrir.

Samuel sourit à l'instant où il découvre le contenu de la boîte. Il s'agit des portraits qu'Elizabeth s'est fait faire depuis leur tout premier voyage.

Il se souvient encore de cette journée à Paris. Ils s'étaient embrassés pour la première fois deux ou trois jours plus tôt tout en haut de la tour Eiffel, et leur classe avait eu un moment de quartier libre à Montmartre. L'occasion de faire du shopping ou de visiter par eux-mêmes les lieux. Dans leur langage, les moments de quartier libre étaient les meilleurs que l'on pouvait espérer de tout voyage. Cela signifiait que pendant un instant, ils étaient en dehors du regard des adultes et qu'ils pouvaient vivre leur vie, loin de leurs foyers et de leur famille. Pendant ce bref moment de « quartier libre », ils étaient responsables de leurs propres personnes, ils étaient des aventuriers.

Elizabeth et lui avaient commencé à parcourir les petites rues de Montmartre jusqu'à se faire alpaguer par un homme qui tenait un grand carnet et un crayon. Il se proposait de faire leurs portraits. Il pouvait aussi bien réaliser une caricature qu'un portrait réaliste. Samuel était hermétique à la demande. Mais, comme souvent, Elizabeth pouvait être à contre-courant de ce qu'il pensait.

— Mais qu'est-ce que tu fais ? lui avait-il lancé alors qu'elle se montrait intéressée par un portrait.

— Laisse-moi faire, lui avait-elle simplement répondu dans une réplique qu'il apprendrait à côtoyer et à ne pas remettre en question.

Elle avait ensuite passé les vingt minutes suivantes face à ce monsieur d'une cinquantaine d'années qui semblait croquer son portrait avec beaucoup de sérieux.

Samuel avait d'abord eu l'impression de perdre son temps dans un piège à touristes, puis il avait regardé le visage d'Elizabeth se dessiner trait après trait et il était resté fasciné par le travail de l'artiste.

Le visage tant aimé commençait à s'esquisser sur la feuille quand le dessinateur s'était ouvertement moqué de lui.

— Je crois que ce garçon est amoureux, avait-il prononcé en français alors que Samuel avait rougi.

À ce moment précis, Elizabeth avait eu un sourire radieux, d'une oreille à l'autre. Bien sûr qu'elle savait que Samuel était amoureux d'elle… et elle s'en réjouissait.

Une fois que le dessinateur termina le portrait, ils purent se rendre compte combien celui-ci était fidèle au modèle.

Samuel avait immédiatement oublié ce moment une fois rentré aux États-Unis. Et pourtant, lors du voyage suivant où ils étaient ensemble, ils se retrouvèrent sur une autre place où un dessinateur les alpagua pour réaliser leur portrait. Encore une fois, Samuel était en train de refuser quand Elizabeth accepta.

— Mais qu'est-ce que tu fais ? lui avait-il dit.

— Je fais une étude comparative du talent des portraitistes du monde entier.

Pendant un bref instant, Samuel se demanda si elle était sérieuse avant qu'ils se mettent à rire tous les deux.

Il avait donc de nouveau passé une petite demi-heure à regarder Elizabeth apparaître sur les fusains du dessinateur.

Encore une fois, il fut soufflé de voir combien il avait réussi à saisir l'expression de ses yeux rieurs et de sa moue effrontée.

S'il s'agissait effectivement d'une étude comparative, il fallait bien reconnaître que le portraitiste parisien semblait plus expérimenté, mais le dessin était tout de même d'une très bonne facture.

Elizabeth demanda à ce qu'il note la date et lieu avant de signer.

Un rituel était né.

Si Samuel avait été le premier à ne pas saisir l'intérêt de se faire faire le portrait en vacances, il s'était laissé entraîner et il gardait

l'œil ouvert pour découvrir où se trouvaient les artistes de la ville.
Dans certains pays, cette culture de la caricature minute ou du
portrait n'était pas répandue… mais ils finissaient toujours par
trouver un lieu touristique où un vieil homme se proposait de faire
leur portrait pour une poignée de billets.

Samuel aurait pourtant dû admettre qu'il ne comprenait
absolument pas la motivation des gens qui faisaient appel à ces
artistes. Quand vous êtes en vacances, vous venez découvrir de
nouveaux paysages, de nouvelles cultures, de nouvelles saveurs.
En quoi se voir dessiner par un inconnu avait-il une valeur ? Les
motivations de la clientèle de ces dessinateurs lui étaient obscures.
Excepté, évidemment, pour Elizabeth qui en avait fait un rituel
idiot qu'ils s'attachaient à perpétuer à chaque nouvelle destination.
Et ce sont des dizaines et des dizaines de portraits qu'ils ont ainsi
ramenés de leurs voyages.

Un jour, ils ont trouvé une boîte noire qui est devenue le réceptacle
officiel de ces portraits. Et c'est cette même boîte que Samuel tient
aujourd'hui dans ses mains.

Il les fait défiler très rapidement pour regarder les dates qui
figurent sur ceux-ci : Barcelone 2022, Cape Town 2018, Paris 2000
(la toute première de la série), Tokyo 2032… et il découvre une
portant l'inscription « Paris 2020 » qui lui arrache aussitôt un
sourire. Il s'agit sans aucun doute du pire portrait de toute la pile. Il
avait complètement zappé ce moment. Pendant une période de
confinement causée par une maladie dont il avait oublié le nom
(une sorte de grippe si sa mémoire était bonne), ils avaient décidé
de ne pas partir en vacances du tout de l'année. Par contre, Samuel
s'était proposé de faire le portrait d'Elizabeth. La scène leur avait

soutiré de nombreux rires et le résultat lui-même tenait davantage du comique. Sans vouloir réaliser une caricature, Samuel avait réussi à produire un portrait où les oreilles, le nez et la bouche de sa femme semblaient démesurés.

Il se souvient encore de la réaction d'Elizabeth en le découvrant. Elle l'avait d'abord frappé d'un coup de poing à l'épaule avant de rire et de l'embrasser.

Est-ce qu'ils avaient fait l'amour ensuite ? Samuel n'en était pas sûr. Il avait le sentiment que la réponse était oui sans pouvoir en garder la certitude.

Il continua de feuilleter l'ensemble des portraits en leur trouvant un étrange parallèle avec un livre d'Oscar Wilde. Dans Le Portrait de Dorian Gray, le portrait vieillit alors que lui reste le même. Dans les portraits d'Elizabeth Perseo, elle semble rester toujours la même, quitte à parfois rajeunir sur ces images de papier et de graphite. C'était elle, par contre, qui vieillissait. Lentement, gracieusement, mais sans retour en arrière possible.

De son vivant, le transhumanisme n'était qu'un courant de pensée. Et l'idée même qu'elle puisse devenir immortelle ne l'avait jamais effleurée. Elle vieillissait et ce n'était pas bien grave. Elle pouvait bien pester contre le fait d'avoir pris quelques kilos ou d'avoir des rides aux coins des yeux, mais le fait est qu'elle avait accepté cette dégénérescence du corps comme partie intégrante de la vie.

Est-ce que Samuel Davis l'avait accepté ? Ça, c'était une autre histoire.

Il tomba alors sur un portrait daté de 2057 à São Paulo. C'était bien après la disparition d'Elizabeth.

Il se souvient parfaitement de ce voyage qu'il avait décidé de faire seul. Mais encore une fois, il avait une mémoire parcellaire des évènements sur place. Il avait complètement oublié avoir croisé la route d'une portraitiste sur une place bondée.

— Portrait, avait-elle prononcé en désignant la chaise usée face à elle.

Le réflexe de Samuel était évidemment de secouer la tête et de poursuivre son chemin. Et pourtant, quelque chose l'empêcha de continuer plus de deux pas. Une idée stupide avait émergé dans son esprit et il était incapable de s'en séparer.

Il s'était retourné vers la femme d'une cinquantaine d'années dont la peau était d'un brun craquelé, cuite et recuite par le soleil, comme un pain resté trop longtemps au four.

— Pourriez-vous me réaliser le portrait de quelqu'un à partir d'une photographie ?

— Ce n'est pas de cette manière que cela fonctionne, lui avait rétorqué la femme. J'ai besoin de regarder mon sujet dans les yeux, de voir son sourire, d'échanger avec lui.

Samuel avait hésité. La portraitiste venait de lui fournir l'échappatoire parfaite à son plan bancal. Il avait pourtant insisté :

— La personne ne peut pas être là… Je voudrais juste que vous imaginiez à quoi elle aurait ressemblé si elle était encore avec nous aujourd'hui.

— Vous êtes sûr de ne pas vouloir plutôt que je fasse un portrait de vous ?

Devant ce deuxième refus, Samuel était enfin prêt à abandonner. Mais quand elle le vit rebrousser chemin, la portraitiste avait couru pour le rattraper.

— OK, OK, OK. Je peux essayer.

Il s'était alors assis sur la chaise de toile et la femme lui avait tendu la main :

— Je m'appelle Gloria.

— Samuel, avait-il répondu en lui saisissant la main pendant une brève seconde.

Il avait ensuite cherché une photographie d'Elizabeth Perseo dans son portefeuille avant de lui remettre.

Elle avait scruté l'image pendant un instant, puis son regard s'était fixé sur Samuel pendant une longue minute. Ses mains étaient toujours immobiles et son bloc de papier restait vierge.

Il se décida enfin à rompre ce moment gênant en lui expliquant :

— Vous savez, cela ne sert à rien de me regarder moi… je ne dois pas figurer sur le dessin. Seulement elle.

Gloria avait alors eu l'un de ces sourires qui laissent entrevoir qu'elle connaissait des secrets qui lui étaient inaccessibles. Comme si sa remarque était gentiment niaise.

— Elle n'est pas là. Et je pourrais effectivement faire une copie conforme de cette photographie que vous venez de me remettre… mais cela ne servirait à rien. Vous avez déjà cette image… ce que je vais dessiner, c'est autre chose. Quand je vous regardais… j'essayais de saisir ce que signifiait pour vous que je fasse ce dessin. Ce dont vous aviez besoin. Maintenant je sais. Je pense savoir du moins.

Gloria accrocha la photographie d'Elizabeth en haut de son bloc-notes grâce à un trombone qu'elle gardait dans sa boîte à dessin. Elle attrapa un fusain et commença à le glisser au travers de grands gestes courbes.

Samuel voulait se lever pour venir regarder le travail en cours,
mais elle le fit se rasseoir d'un simple geste :

— Ne bougez pas, lui intima-t-elle.

Il eut de nouveau l'impression que c'était lui qu'elle était en train
de croquer du bout de son fusain.

La réalisation du portrait s'étala sur une très longue période. Bien
plus longtemps qu'à l'époque où Elizabeth se tenait en chair et en
os pour servir de modèle. Du moins, c'est le sentiment qu'eut
Samuel puisqu'il n'avait aucun moyen de savoir l'heure. Il n'avait
jamais porté de montre et il avait oublié son téléphone à l'hôtel.
Le soleil s'était pourtant couché dans l'intervalle de temps entre le
début et la fin du portrait. Les murs des bâtisses qui les entouraient
s'étaient parés d'un orange chaud et vacillant. Les lumières des
commerces environnants s'étaient allumées les unes après les
autres. Des couples avaient commencé à s'installer aux terrasses
pour boire un apéritif et profiter de l'air chaud et sucré de ce début
d'été. Puis ce sont les groupes d'amis qui se sont pressés sur les
tables, en parlant fort et en commandant des tournées de bières les
unes après les autres.

Plusieurs fois pendant le cours de la soirée, une personne s'était
arrêtée un bref instant pour regarder le dessin de Gloria, puis
redresser la tête pour dévisager Samuel. Et à chaque fois, ceux-ci
ne semblaient pas surpris de voir que ce n'était pas le modèle qui
apparaissait sur la feuille.

Samuel commençait à avoir faim et les odeurs ambiantes
n'aidaient pas.

Il était sur le point de rompre le silence qui s'était installé entre
Gloria et lui pour lui signifier qu'il allait devoir s'en aller

lorsqu'elle bondit sur ses deux jambes en lâchant simplement un mot dans un chuchotement :

— Fini.

Samuel se releva et son dos craqua. Il appuya alors ses deux mains sur sa nuque pour finaliser le craquement.

Il observa autour de lui et la nuit semblait s'être installée maintenant. Il s'approcha de Gloria et son regard put enfin découvrir le portrait qu'elle avait mis tant de temps à réaliser.

Il eut aussitôt l'impression d'avoir oublié comment respirer. Son souffle était resté bloqué en pleine expiration et il n'avait pas la tête à inspirer à nouveau.

Une larme roula sur sa joue. Puis une autre. Son menton tremblait alors qu'il fermait lentement ses yeux pour se laisser aller à cette sensation qui l'envahissait complètement.

Le portrait représentait Elizabeth en très gros plan, une expression très ouverte et accueillante sur le visage. Ce n'est pas l'expression qu'elle avait sur la photographie, mais Samuel l'avait effectivement vu l'arborer, cette aura de liberté et d'aisance. Sa bouche était entrouverte et l'on devinait une rangée de dents parfaitement blanches. Sa peau était visiblement couverte de taches de rousseur, comme c'était le cas à la fin de longues vacances passées au soleil.

Son visage semblait légèrement plus âgé, mais les rides étaient légères, gracieuses. Elle aurait été si belle avec quelques années de plus, pensa Samuel.

Le portrait était tellement réaliste qu'elle paraissait à nouveau vivante devant ses yeux. Il avait l'impression d'être en sa présence.

Mais le « détail » le plus saisissant de ce dessin, c'était dans les yeux grands ouverts d'Elizabeth qu'il fallait le chercher. Tout simplement parce que Samuel pouvait se voir dans leurs reflets, comme si les yeux sur la surface de papier étaient devenus un miroir.

Il se voyait, le regard avec un étrange mélange de tristesse et d'espoir, la main tendue vers elle. Et quand on y regardait de plus près, on pouvait voir la main d'Elizabeth dans la sienne.

Il ne s'était pas senti aussi proche d'elle depuis des décennies. Il éclata en sanglots… mais il s'agissait de bons sanglots… libérateurs et qui vous donnent envie de rire devant le ridicule de la scène.

Encore totalement bouleversé par ce moment, Samuel avait payé le montant dû à Gloria et il était parti avec le dessin protégé dans un rouleau de carton.

Il avait mangé dans un petit restaurant perdu au cœur de São Paulo et il avait l'impression de ne pas s'être senti aussi bien depuis des décennies. Il commanda entrée, plat et dessert et s'enfila une bouteille de vin local, discutant avec le patron du restaurant et avec le jeune couple attablé à côté de lui. Il fallut que le repas soit presque terminé avant qu'il ne se souvienne qu'il s'agissait de quelque chose qu'Elizabeth avait l'habitude de faire, se faire des amis au bout du monde en discutant de tout et de rien. Cette réminiscence lui arracha un large sourire.

C'était une très belle soirée. Même se faire braquer par deux jeunes n'allait pas entamer sa bonne humeur. Il avait suivi le conseil d'un ami : garder une poignée de réal, la monnaie locale, dans sa poche pour la donner sans poser de questions à ses agresseurs. Ils lui demandèrent ce qu'était ce rouleau de carton qu'il portait et il sentit son cœur se glacer. Non pas ça ! Ne prenez pas mon Elizabeth.

Il essaya d'expliquer, mais ils le pressaient de montrer le contenu.

Il déroula le dessin et ils se regardèrent en haussant les épaules avant de s'en aller.

Samuel retourna à son hôtel et s'endormit en quelques instants.

Quand il rentrerait en France, le portrait rejoindrait la boîte noire posée sur la bibliothèque avec toute la collection. Il n'était pas retourné le regarder depuis.

Et là, alors qu'il contemple l'image d'Elizabeth, la main tendue vers lui et son reflet dans la pupille de ses yeux, il se retrouve à pleurer à nouveau.

C'est à ce moment-là que Pénélope Beaulieu pénètre dans la pièce sans frapper à la porte.

— Je ne savais pas que vous étiez dans cette pièce, s'excuse l'agent immobilier.

— Ce n'est pas grave, lâche Samuel en s'essuyant les deux yeux avec son avant-bras.

— Je pense avoir terminé.

— Quand pourrez-vous me donner une estimation ? questionne-t-il, l'esprit ailleurs.

— Oh je peux vous la donner tout de suite, rétorque-t-elle.

Samuel Davis la dévisagea avec surprise :

— OK, allons-y ! Mais cela ne vous dérange pas de le faire dehors, j'ai besoin d'un peu d'air frais.

L'air n'est pourtant pas frais, et la température sur la terrasse dépasse de loin celle à l'intérieur du manoir. Ils restent donc à l'ombre d'un grand parasol beige. Samuel s'installe sur un siège en bois et Pénélope attend debout.

— C'est une très belle propriété que vous avez là, monsieur Davis, complimente-t-elle. Au vu de l'état du marché, je pense pouvoir vous trouver un acheteur pour vingt millions d'euros.

Samuel ne peut s'empêcher de faire le calcul mental dans la seconde où elle lâche ce chiffre. Vingt millions d'euros, cela équivalait à dix années de sa couverture santé. Sauf qu'il se retrouverait à la rue et il devrait se dénicher un nouveau logement, puis il aurait encore besoin d'argent pour se nourrir et se divertir. Il considéra que cela signifiait tout de même sept à huit années de vie supplémentaires.

— Par contre, ce genre de propriétés prend toujours un peu de temps à se vendre, ajoute l'agent immobilier. C'est rare d'identifier quelqu'un qui peut se décider en quelques mois pour lâcher un tel montant.

— Combien de temps ?

Elle pince ses lèvres pendant un instant avant de pencher la tête de droite à gauche, comme si elle soupèse la réponse à donner.

— Je dirais vingt-quatre mois.

— Mais je n'ai pas autant de temps, lâche Samuel dans la foulée.

Au vu de l'état de ses finances et de son corps, il estime avoir de quoi subsister une année. Il a toujours été quelqu'un de prudent, mais il a des difficultés à s'imaginer tenir deux ans. Avec un peu de chance, il pourrait faire durer ses finances pendant un peu plus longtemps… et Pénélope Beaulieu arriverait peut-être à trouver un acheteur plus rapidement. La situation était une roulette russe. Il doit s'en remettre au hasard, à de nombreux « peut-être » sans aucune garantie. À 209 ans, il n'est plus aussi aventureux qu'à 18.

— Il faudra également parler de ma commission, monsieur Davis. Sur une telle propriété qui demande un travail au long cours, elle s'élèverait à huit cent mille euros.

Entre ça, le notaire et les différents frais inhérents à une revente, un million d'euros venait de s'envoler en fumée.

Son espérance de vie passe sous la barre des cinq ans. Et si cinq ans peut paraître être une grande unité de temps pour un « mortel »… pour une personne qui a déjà vécu 209 ans, c'est comme d'annoncer à une personne des années 1950 qu'il va vivre trente secondes de plus. Cela semble inutile. Surtout au vu de l'incertitude liée à la durée nécessaire à réaliser la vente.

C'est mieux que rien, bien sûr, mais il y a trop d'incertitudes autour de cette solution pour qu'il se sente réconforté par son existence.

— Je vous remercie, mademoiselle Beaulieu, lâche-t-il d'une voix sans émotion.

Il a besoin de couper court à cette discussion.

Il raccompagne alors l'agent immobilier en lui promettant de la rappeler quand il aura pris une décision.

— Merci, monsieur Davis, lui lance-t-elle en lui serrant vigoureusement la main.

Il referme la porte.

Il a le sentiment d'avoir joué sa dernière carte.

Samuel passe ensuite le restant de la journée à faire une cartographie mentale de tout ce qui pourrait lui être utile, de toutes les personnes qui seraient en mesure de l'aider.

Cet exercice de cartographie mentale le laisse pourtant avec le sentiment d'être face à ces très vieilles cartes d'une époque où personne n'avait encore été explorer au-delà des océans. Il se sent isolé sur un petit lopin de terre, entouré de terra incognita qu'il n'aura jamais le temps d'explorer. Pour la première fois de ces cinq derniers jours, il a la conviction qu'il n'y aura pas de solution.

Chapitre 7
209 ans et 5 jours

Samuel n'a jamais aimé parler de ses rêves. Il trouve d'ailleurs que le terme « rêve » est inapproprié pour désigner les inventions d'un cerveau en train de processer la journée dans une petite fiction qui n'a souvent ni queue ni tête.

Il ne veut pas les qualifier de « rêves » puisque ce mot a déjà un autre sens.

Le langage est une création fantastique et il a toujours été subjugué à l'idée qu'une forme de vie descendant du singe ait réussi à imaginer des langues d'une richesse infinie pour traduire leurs pensées. Il est pourtant aussi attristé devant son inadéquation parfois à transposer certaines idées, ou sa tendance à enfermer la pensée plutôt qu'à la libérer.

Samuel se considère comme un rêveur. Il collectionne même les rêves, mais dans sa forme consciente. Ce sont les rêves de l'humanité qui lui ont permis de bâtir cette civilisation. L'envie d'explorer leur environnement, d'aller voir ce qui se trouve derrière cette montagne, derrière cet océan, de se propulser jusqu'à la lune, puis vers les étoiles. Un rêve est une chose merveilleuse quand il vient représenter les aspirations d'un homme ou d'une nation.

Avec Elizabeth Perseo, ils avaient bâti un rêve… et c'est en poursuivant ce rêve qu'ils avaient édifié la vie qu'ils avaient vécu ensemble.

C'est la raison pour laquelle il déteste le fait que le mot « rêve »
encapsule deux réalités.

La première, c'est le rêve comme un objectif de vie.

Jules Verne, Georges Méliès, John Fitzgerald Kennedy ou Neil
Armstrong ont rêvé de voyager vers la lune. Et ce rêve a précédé la
réalité… Parce qu'un rêve est un objectif à atteindre. Une utopie à
réaliser.

Le deuxième sens de ce mot, c'est le rêve comme histoire créée
pendant le sommeil.

C'est le fait de rêver que l'on est poursuivi, puis de tuer son cousin
avant de découvrir de la gelée de groseilles dans tous les placards
de la cuisine.

L'un donne du sens à une existence, l'autre n'a aucun sens (ou un
sens symbolique auquel il est dérisoire de vouloir donner de
l'importance).

Ainsi, quand Elizabeth lui racontait ses rêves… il l'écoutait
toujours d'une oreille très distraite. C'était comme de vouloir
raconter un match de football à une personne qui n'y donne aucune
importance. Cela ne sert à rien. C'est une source d'ennui.

De fait, Samuel avait l'impression de ne plus rêver depuis bien
longtemps. Quand on ne porte pas son attention vers quelque
chose, celle-ci a tendance à s'atrophier.

Pourtant, cette nuit-là, il va faire un rêve qu'il va immédiatement
reconnaître.

Il fait chaud. Il remarque la clôture blanche qui bordait la maison
de son enfance. Il se dirige vers l'épicerie avec quelques sous au
fond de la poche de son bermuda. Il les entend tinter et il va
régulièrement plonger sa main à leur contact. Il porte ensuite ses

doigts en dessous de son nez et il sent une odeur métallique caractéristique des vieilles pièces de monnaie.

Il avance en trottinant quand il comprend ce qui va se passer. Oh non ! Pas ce rêve-là ! Pas encore. Il n'a pourtant aucun contrôle sur ses jambes. Et alors qu'il avance vers la maison des Peyton, il sent la terreur lui agripper l'estomac. Sa vessie menace de lâcher un flot d'urine dans son bermuda préféré, celui où un motif de tortue se répète à l'infini.

Il ne veut pas continuer. Il veut se réveiller. Samuel a de nouveau huit ans et il est terrorisé par cette scène. Cela commence par un grognement sourd. Un « Grrrrr » qui semble émerger des tréfonds de la terre, comme lors d'un tremblement de terre, ou au cœur d'un volcan. Sa main se referme sur les pièces de monnaie et le visage de profil de présidents morts s'imprime sur sa paume.

— Je ne veux pas avancer.

Cette pensée, il la hurle. Sauf qu'il se rend compte que ce n'était que dans sa tête. Le hurlement se répercute sur les parois de son crâne, mais il est incapable de faire sortir.

De toute façon, rien ne pourrait rivaliser avec le « Grrrrr » monumental qui couvre le moindre son maintenant.

La suite se déroule en quelques dixièmes de secondes : le portail des Peyton cède sous la force d'un animal massif qui se met à produire un seul aboiement avant de fondre sur lui et de lui attraper les jambes dans sa gueule béante. Ses tibias craquent dans sa mâchoire comme un biscuit apéritif. Il se met à secouer la tête de gauche à droite et des traînées de sang giclent dans l'air.

Samuel n'a plus peur. Il n'y a plus de place que pour une douleur insensée. Et alors que le molosse referme sa gueule autour de son visage et qu'il sent ses yeux éclater dans ses orbites, il se réveille. C'est le même rêve, dans ses moindres détails, depuis l'âge de huit ans. Il se trouve que le portail des Peyton a véritablement cédé quelques jours plus tôt avant la première occurrence de ce rêve, et qu'il avait aussi entendu le grognement précédant l'attaque. Mais une chaîne à son cou l'avait arrêté juste avant de l'atteindre. Son bermuda tortue s'était effectivement couvert d'urine. Il n'était jamais retourné à l'épicerie seul, pas tant que la famille Peyton habiterait encore cette maison en tout cas.

Ce rêve, il l'a probablement fait des centaines de fois. Et il le fera une toute dernière fois le matin de ses 209 ans et 5 jours.

Il a la conviction d'avoir mouillé ses draps. Mais il découvre très vite que ce n'est pas le cas. Il se lève pourtant aussitôt pour satisfaire son envie d'uriner.

Quand il se lave les mains, il prend conscience de combien il se sent secoué par ce mauvais rêve. Ses jambes tremblent légèrement. Ses nerfs sont au bord de la rupture. Il se met de l'eau sur le visage avec les deux mains et s'exclame :

— Mais bon sang ! Comme si j'avais besoin de ça en ce moment !

Le téléphone sonne et il sursaute en poussant un petit cri.

Quand il atteint sa table de chevet, une dernière sonnerie retentit avant de se stopper net. Il a été trop lent pour décrocher. Il s'assoit donc sur le lit avec le téléphone toujours à la main.

Une notification lui signifie que la personne a laissé un message vocal. Il effleure l'écran et porte le téléphone à l'oreille. C'est la voix de l'agent immobilier qui se fait entendre :

— Pénélope Beaulieu à l'appareil. Je vous appelais juste pour voir si vous aviez réfléchi à notre conversation d'hier. Je… euh… je pense qu'il vaut mieux ne pas traîner pour préparer la mise en vente de votre maison.

Samuel Davis lit entre les lignes : « Vous n'aviez pas l'air sacrément en forme hier et votre volonté de soudainement vendre le manoir ne peut vouloir dire qu'une chose : il ne vous reste pas très longtemps à vivre. Rappelez-moi avant de claquer… j'ai très envie de cette commission ».

Ses deux mains sont posées sur le haut de son crâne. Il a les yeux fermés. Il presse ses lèvres l'une contre l'autre en se concentrant pour ne pas pleurer. Mais il n'y arrive pas. Un seul sanglot lui fait porter la main au niveau de l'arête du nez. Les larmes montent aux coins de ses yeux, mais elles ne dévalent pas son visage. Il se sent épuisé, rincé.

Pour la première fois depuis qu'il a appris que sa police d'assurance prenait fin, il n'a absolument plus aucun espoir. Il va mourir. Et avec le semblant d'immortalité qu'il avait atteint… il ne s'y était pas préparé.

Le portail a cédé et le molosse est prêt à lui bondir dessus.

C'était devenu un nom de code entre Elizabeth et lui. Sa femme connaissait évidemment l'histoire du chien des Peyton. Samuel la lui avait racontée alors qu'il s'était réveillé en sueur et en criant. Il lui avait expliqué combien il sentait la présence du chien tapi dans l'ombre… mais qu'il était incapable de faire quoi que ce soit pour éviter qu'il ne lui saute à la gorge. « Le chien tapi » était devenu synonyme de mauvais pressentiment.

Un jour, de nouveaux voisins avaient emménagé à côté de leur ancienne maison. Ils avaient juste échangé quelques mots avec eux, mais quand ils étaient retournés à l'intérieur, Elizabeth lui avait demandé :

— Tu l'as senti toi aussi ?

— Le chien tapi ?

— Oui ! avait-elle acquiescé.

Et cela n'avait pas manqué, le mari s'était révélé violent et ils pouvaient régulièrement l'entendre battre son épouse. Ils avaient essayé d'intervenir, de parler à la jeune femme qui les avait suppliés de ne rien faire. Ils avaient pourtant appelé la police un jour où ils avaient entendu des cris pendant quarante-cinq minutes avant d'entendre un « clang » sonore puis plus rien.

— Je n'aime pas du tout ce bruit, avait lancé Samuel alors qu'une pensée s'était imposée à son esprit : le portail a cédé.

Et cela n'avait pas manqué. La jeune femme était entre la vie et la mort quand la police avait fait irruption dans le domicile du voisin. Elle perdrait la vie quelques minutes avant d'atteindre l'hôpital.

Mais Samuel se rappelait distinctement la dernière fois qu'il avait senti la présence du molosse dans sa vie.

C'était pendant des vacances à Lisbonne en 2036. Ils étaient partis en vacances avec Isaac et Annabel, respectivement 16 et 12 ans. Amelia n'était pas de la partie lors de ces vacances. Elle venait de fêter ses 19 ans et avait prévu un séjour avec le garçon qui deviendrait son premier mari.

Lisbonne était une magnifique destination. Une ville accueillante qui était autant du goût des parents que des enfants.

Isaac commençait à montrer des signes marqués d'agacement envers ses parents… mais quel adolescent de son âge n'en montrait pas ?

À 12 ans, Annabel était une jeune fille calme et rêveuse, toujours le nez fourré dans un roman quand ils n'étaient pas en excursion. Elle venait de terminer plusieurs ouvrages de Jules Verne et était dans une période espace. Annabel voulait devenir astronaute. C'était bien différent de ses précédentes vocations, mais la jeune fille en changeait tous les quelques mois. Elle avait voulu devenir vétérinaire, avant de s'intéresser à l'égyptologie, puis romancière, avant cette période astronaute.

Elizabeth et Samuel avaient donc identifié un point de vue depuis lequel l'observation des étoiles était idéale.

Ils avaient emporté un pique-nique sur cette colline un peu à l'écart, loin des grands éclairages de la ville. Puis, après avoir mangé à même le sol sur une grande nappe rouge, ils s'étaient allongés sur celle-ci pour tourner les yeux vers le cosmos.

Le spectacle ne s'était pas fait attendre. Une fois la nuit tombée, les étoiles s'étaient mises à apparaître par grappes avant d'illuminer l'intégralité du ciel.

— Il y a autant d'étoiles dans l'Univers que de grains de sable sur Terre !

Cette phrase. Il ne sait pas si c'est celle d'un personnage célèbre, un dicton, ou juste une expression que répétait souvent son père face à l'immensité de la nuit.

Ils avaient pointé du doigt les différentes constellations.

— Tu vois ce « W » que l'on voit dans le ciel, disait Elizabeth en traçant la lettre dans le ciel. C'est Cassiopée.

— Où ça ? avait demandé Annabel.

Elizabeth avait donc été obligée de recommencer en lui désignant la première étoile à repérer, puis elle la guida dans chaque zigzag du « W ».

Samuel restait silencieux. Il avait entendu dire que l'on pouvait dénombrer trente-six constellations dans le ciel. Il était déjà bien heureux d'avoir reconnu la Grande Ourse.

Annabel avait le dos pressé contre le ventre d'Elizabeth, comme si elle cherchait sa présence de la même manière que lorsqu'elle avait 2 ans et qu'il lui fallait sa maman pour s'endormir.

Puis une longue traînée lumineuse avait illuminé le ciel.

— Waow ! C'est quoi ça ? s'était écriée Annabel émerveillée.

— C'est une étoile filante, avait expliqué Samuel.

— En fait, ajouta Elizabeth toujours plus scientifique que poétique. Il s'agit d'une petite météorite qui se désagrège lors de son entrée dans l'atmosphère de la Terre.

C'était la toute première fois de sa vie qu'Annabel voyait un tel phénomène et elle restait silencieuse malgré l'excitation et l'émerveillement qu'elle ressentait.

— Tu as le droit de faire un vœu quand tu vois une étoile filante.

Annabel garda sa bouche fermée un instant, ses grands yeux vissés vers le ciel. Puis elle lança :

— Je veux venir voir les étoiles avec vous des centaines de fois.

C'était mignon. Cette petite réflexion enfantine était touchante. Et pourtant. Samuel fut rempli d'effroi en l'entendant énoncée.

Il avait toujours entendu dire qu'il ne fallait pas dire son vœu à haute voix, sinon il ne s'exaucera pas. Il savait bien sûr que ce n'étaient que des superstitions de gosses, mais il n'aima pas le mauvais pressentiment que cela fait naître en lui.

Il ressentit la présence du gros chien tapi dans l'ombre, du molosse prêt à attaquer.

C'était évidemment stupide de penser que parce qu'elle avait souhaité à haute voix de venir voir les étoiles avec eux des centaines de fois, alors ils ne reverraient plus jamais les étoiles ensemble.

Mais il avait surtout un autre sentiment.

Samuel n'avait jamais été aussi heureux qu'aujourd'hui. Sa vie était parfaite. Mais cela voulait également dire autre chose : cela ne pouvait qu'empirer. Si tout va parfaitement bien, que vous ne pouvez pas aller plus haut, la seule direction, c'est vers le bas.

Il se sentait bien… mais un grondement sourd lui parvenait de derrière le portail des Peyton. Quelque chose de terrible allait arriver et ce moment serait le dernier moment heureux de sa famille. Il ne savait pas comment il le savait… mais il en avait la certitude absolue.

Tout allait trop bien pour que le vent ne tourne pas en sa défaveur.

C'étaient des superstitions idiotes, mais il était incapable de s'en débarrasser.

Ce soir-là, Annabelle avait de grands yeux pleins de rêves. La contemplation des étoiles lui faisait prendre conscience de sa place dans l'univers. Elle était minuscule et cette réalisation était libératrice. Vous n'avez plus tellement peur d'échouer quand vous êtes de la taille d'une fourmi.

Ils avaient retrouvé leur voiture à la lumière de lampes de poche avant de retourner à leur logement.

En rentrant, Elizabeth avait avalé un antalgique.

— C'est toujours tes maux de tête ? lui avait demandé Samuel.

— Ce n'est rien, avait-elle balayé d'un geste de la main. Je vais aller voir mon ostéopathe et tout ira bien.

Cela faisait depuis plusieurs semaines qu'Elizabeth avait commencé à se plaindre de maux de tête persistants. Ce qui signifiait que cela faisait probablement des mois qu'ils devaient s'être installés. Elle ne se plaignait pas facilement.

Elle reconnut plus tard qu'elle était embêtée par un bourdonnement à l'oreille et elle s'était sentie irritée. Mais elle avait toujours trouvé des justifications à chaque nouveau symptôme. C'était le stress. Les hormones. Elle avait mis le son de ses écouteurs trop fort.

Puis un jour, en sortant d'une réunion avec le conseil d'administration de son entreprise, elle avait perdu l'équilibre et était tombée de tout son long sur le sol.

Là aussi, c'était probablement la fatigue. Elle manquait de sucre. Elle…

Mais non, Samuel n'allait pas l'accepter cette fois et l'obligea à aller voir leur médecin.

Celui-ci se montra aussitôt préoccupé et lui fit passer des examens complémentaires et notamment une IRM.

Leur médecin ne souhaitait évidemment pas se prononcer avant le retour de ses examens, mais il connaissait déjà le diagnostic.

C'était la veille des 49 ans d'Elizabeth que la nouvelle allait tomber. Cancer au cerveau.

Nous étions en 2037 et le mot cancer faisait beaucoup moins peur qu'au début du millénaire. Les traitements avaient fait un bond de géant, et elle ne semblait pas réaliser la lourdeur de cette nouvelle.

— Quel traitement doit-on lancer ? avait-elle demandé avec calme, prête à caler une opération de chirurgie sur la fin de son mois de juin.

Cela lui laisserait l'été pour se remettre entièrement.

Le bureau du médecin était inondé de soleil, mais il faisait froid dans la pièce. Les arbres au-dehors étaient secoués de gauche à droite par d'importantes bourrasques, mais la pièce était plongée dans un silence aussi assourdissant que le grondement d'un molosse.

— Nous… ne pouvons plus rien faire à ce stade.

Le menton de Samuel trembla en entendant ces mots. Il allait pleurer.

Elizabeth sembla également déstabilisée par la nouvelle, mais elle se reprit très vite :

— Nous allons chercher un deuxième avis, expliqua-t-elle avec calme. Il y a forcément quelque chose à faire.

Elle géra la nouvelle comme elle gère son entreprise : il n'y avait pas de problèmes, que des solutions et elle se persuada que c'était la même chose avec son corps.

Ce serait bientôt le cas, quand les avancées de la médecine auraient fait quelques progrès… mais en 2037, la vie éternelle était encore un sujet réservé à la science-fiction et à la religion.

Elle mourra en cherchant une solution.

Samuel Davis la verra partir sans jamais réussir à lui faire accepter de prendre un peu de temps pour se dire « au revoir ».

Cette combativité était l'une des choses pour laquelle il était tombé amoureux. Mais c'était aussi ce qui l'empêcherait de lui dire une dernière fois « je t'aime » en se regardant dans les yeux. Elizabeth avait fui ces moments parce que cela voulait dire qu'il n'y avait pas de solutions. Elle ne pouvait s'y résigner.

Le deuxième médecin avait confirmé la sentence énoncée par le premier et elle avait alors programmé un troisième rendez-vous avec un expert à la renommée mondiale.

Elle se brossait les dents dans la salle de bain quand elle avait perdu connaissance. Elle ne se réveillerait jamais. Elle plongerait dans un coma avant de se glisser dans la mort.

Elizabeth Perseo n'était plus. Samuel Davis n'était plus grand-chose.

Cela faisait maintenant 158 ans qu'elle avait été enterrée. Mais il ne s'était jamais senti aussi misérable pendant ce siècle et demi qu'aujourd'hui.

Il veut faire taire la souffrance qui l'accable et il se tourne vers l'un de ses très vieux vices. Il débouche une bouteille de whisky pour se servir un grand verre. C'est encore le matin, mais il n'y a que cela qui va pouvoir anesthésier ses sens.

Le liquide ambré brûle son œsophage en se déversant dans son corps. Il s'était pourtant tenu loin de la boisson pendant de très nombreuses années. Il savait depuis son adolescence que l'alcool avait tendance à faire défiler le temps plus rapidement. Et quand vous avez déjà le sentiment que les années se succèdent comme des secondes, vous n'avez vraiment pas besoin de cela. Il se permettait ainsi de tremper ses lèvres dans un verre lors de son anniversaire, mais rarement plus.

Aujourd'hui, il ne ressent pas les effets du premier verre qu'il s'en sert un deuxième.

Il a envie de pleurer. De crier. De briser quelque chose. Pendant un bref instant, il se sent encore plus mal qu'avant le premier whisky. Un sentiment qu'il arrive à évacuer en écumant un troisième verre.

L'ivresse commence à le saisir. Sa vue n'est pas brouillée, mais ses pensées ne se maintiennent pas en place.

Il n'a jamais aimé boire sans manger et il trouve très rapidement un paquet de cacahuètes acheté pour son 209e anniversaire, ainsi qu'un reste d'olives. Ses mains s'agitent de l'un à l'autre, engouffrant quelques arachides avant de les faire descendre avec une gorgée de whisky.

Samuel a chaud aux joues. Il ferme les yeux un instant et il se sent capable de s'endormir.

Il bâille sans retenue et se force à se lever pour ne pas sombrer.

Il termine la bouteille aux premières heures de l'après-midi. Il a envie d'aller en chercher une autre, mais il n'arrive pas à se lever. À peine sur ses deux jambes que la pièce tourne et tourne autour de lui. Il a l'impression d'être dans un bateau en pleine tempête. Il retombe dans son fauteuil. Il se sent nauséeux. Un rot mouillé s'échappe de sa bouche, prémices de son naufrage dans un sommeil éthylique.

Il ne rêve pas, mais ces quelques heures de repos n'ont rien de reposantes.

Samuel se réveille dans le milieu de l'après-midi, mais il laisse son regard fixé vers la fenêtre. Il cligne lentement des yeux. Il est encore ivre, et si fatigué. Il s'endort à nouveau.

Quand il ouvre à nouveau les yeux, l'horloge posée sur son chevet indique qu'il est minuit moins dix.

Une autre journée défile devant ses yeux et il a le sentiment de n'avoir rien fait de ces précieuses vingt-quatre heures. Il se déteste pour avoir trop bu et avoir laissé filer ce temps qu'il ne reverra plus jamais.

Il voudrait se relever, rattraper le temps perdu, mais il en est incapable. Il se sent épuisé, sans la moindre force malgré les nombreuses heures de sommeil qu'il vient d'engouffrer. Il s'endort à nouveau sans se douter que la journée suivante disparaîtra encore plus rapidement.

Chapitre 8
209 ans et 6 jours

Quand il ouvre les yeux, Samuel Davis comprend immédiatement que quelque chose ne va pas. Une boule de lave semble enfermée du côté gauche de sa poitrine. C'est son cœur. Il ressent une douleur atroce : comme si la lave était en train de se frayer un chemin en brûlant la chair pour sortir au grand jour.

Il a le souffle court et il est incapable de prendre de grandes inspirations. Il est en panique. Une seule et unique pensée se forme par-delà la souffrance et la peur :

Je vais mourir.

Une alarme silencieuse s'est évidemment mise en route avant qu'il ne se réveille complètement et il se souvient soudainement qu'un drone va venir le récupérer pour l'emmener à l'hôpital. Il n'a que peu d'espoir d'y arriver vivant.

La boule de magma semble exploser dans sa poitrine et il perd connaissance avant même d'avoir réussi à pousser le cri qui lui montait aux lèvres. Il ferme les yeux.

Il ouvre les yeux. Il est dans les airs, voyant la campagne défiler sous lui. Il ferme les yeux.

Il ouvre les yeux. Une équipe de médecins se presse autour de lui. Il ressent l'effleurement froid d'un ciseau sur son ventre alors que celui-ci découpe son t-shirt en son centre. Il ferme les yeux.

Il ouvre les yeux. Il est dans une salle d'opération où une femme en blouse bleue est en train de guider un outil en scrutant les deux écrans face à elle. Il ferme les yeux.

Il ouvre les yeux. Il reconnaît brièvement une chambre des soins intensifs et il devine le contact d'un tube en plastique enfoncé dans sa trachée. Le jour décline déjà au-dehors. Combien d'heures ont passé ? Il ferme les yeux.

Il ouvre les yeux. La nuit s'est installée et il ressent de nouveau une explosion de chaleur dans sa poitrine. Des visages font irruption dans la pièce pour venir à son chevet.

— Je vais mourir, pense-t-il à nouveau.

Et alors qu'il est sur le point de perdre connaissance, il se rappelle le rêve qu'il était en train de faire l'instant d'avant. Ce n'était pas exactement un rêve, mais plutôt un souvenir.

Celui d'un voyage réalisé au Caire plusieurs années après la mort d'Elizabeth.

Il s'était rendu sur le site des pyramides de Gizeh ainsi qu'au musée du Caire pour voir les momies et les statues de pharaons. Il avait été passionné par l'Égypte quand il était petit, mais il n'arrivait plus à saisir pourquoi aujourd'hui. Voilà une civilisation qui avait fait de l'immortalité une obsession. Ils avaient bâti des temples et imaginé des rituels qui devaient leur permettre de vivre éternellement. Ils se faisaient enterrer avec de la nourriture et des servants qui devaient continuer de les assister dans l'au-delà. Mais qu'est-ce que cela leur avait apporté en vérité ? Toute la démesure des pyramides n'a pas empêché leur mort. Et même s'ils avaient espéré le contraire, nous avons quasiment tout oublié des pharaons.

Ils n'ont pas été immortels. L'immortalité avait été un mensonge. Un moyen d'accepter la finitude de la vie.

— Je vais mourir, pensa Samuel une dernière fois avant de fermer les yeux.

Chapitre 9
209 ans et 7 jours

Samuel Davis ouvre les yeux. Il n'est pas mort. Et si cette réalisation pouvait être vécue comme une victoire par le principal intéressé, ce n'est définitivement pas de cette manière qu'il le ressent en se réveillant ce matin.

La première chose qu'il remarque, c'est la lumière beaucoup trop vive qui lui brûle les rétines. Il ferme les yeux, mais il peut toujours sentir son éclat derrière ses paupières closes.

Il a aussi le sentiment de souffrir encore de la gueule de bois de l'avant-veille. Mais ce n'est pas exactement cela. Cette gueule de bois est différente dans le sens où elle semble affecter l'ensemble de ses organes et membres. C'est comme s'il avait un corps de bois.

La deuxième chose qu'il entraperçoit dans la fine fente de ses paupières mi-closes, c'est une table face à lui où un grand bouquet de fleurs très colorées trempe dans un vase transparent.

Son réveil a dû être remarqué par la machine à laquelle il est raccordé puisqu'une infirmière a fait trois pas dans la chambre avant de rebrousser chemin en disant :

— Très bien ! Vous êtes réveillé ! Je vais chercher le Dr Friedman.

Samuel ne sait pas si ce sont les médicaments qui l'ont fait sombrer dans l'inconscience juste après ces mots, mais la seconde suivante il ouvre les yeux sur le Dr Adélaïde Friedman. Elle se tient à côté du lit, les yeux rivés sur une tablette qui lui donne toutes les dernières informations sur l'état de santé de son patient.

— Content de vous revoir, lâche-t-elle en relevant la tête tout en retirant ses lunettes d'un geste désinvolte. Nous avons bien eu peur de vous perdre.

Samuel essaye de demander ce qui est arrivé, mais sa gorge semble remplie de sable jusqu'aux amygdales. Aucun son ne sort.

La doctoresse paraît en avoir conscience et elle acquiesce en disant :

— Vous avez eu une crise cardiaque bénigne. J'ai le sentiment que les causes sont multiples. Je vais devoir mentionner l'alcool, mais aussi un niveau de stress très élevé ces derniers jours…

S'il pouvait parler, Samuel plaiderait évidemment coupable à l'ensemble des chefs d'accusation. Mais il ne peut s'empêcher d'avoir une nouvelle bouffée de stress quand il pense au prix de ce séjour à l'hôpital. Il n'a plus d'assurance et a la conviction que cet incident vient de lui coûter encore de précieux mois de vie.

— Vous devriez pouvoir sortir dans vingt-quatre, quarante-huit heures si nous sommes satisfaits de votre état général d'ici là. Je reviendrai vous voir demain.

Adélaïde Friedman a toujours réservé un traitement particulier à Samuel Davis, lui précisant il y a quelques années de cela qu'il constituait son meilleur patient. Samuel avait ainsi compris que son cas, son « immortalité » était quelque chose qui fascinait la doctoresse. Elle avait la possibilité d'apprendre de nombreuses choses en réalisant opération après opération sur lui.

— Je vous allume la télévision avant de sortir, lui demande-t-elle.

Il est sur le point de secouer la tête de droite à gauche avant de finalement la hocher. Il a besoin d'une distraction.
Elle la met ainsi en marche alors qu'elle est sur le point de traverser la porte.
Une série qu'il est incapable de reconnaître apparaît sur l'écran. Une jeune femme est en train de pleurer tout en avançant vers l'océan, puis directement dans l'étendue d'eau. Elle se retrouve rapidement avec de l'eau jusqu'aux genoux, puis aux hanches. Les larmes ruissellent encore sur ses joues alors qu'elle commence à ne plus avoir pied. Elle continue d'avancer.
Samuel Davis ne s'intéresse absolument pas à l'action qui a lieu sur l'écran tant il a les paupières lourdes. Il lutte un bref instant, sentant ses yeux se fermer tout doucement. Il sombre à nouveau dans le sommeil.

Il est impossible de savoir combien de minutes ou d'heures se sont écoulées depuis son dernier moment d'éveil, mais la lumière qui lui parvient depuis la fenêtre est totalement différente… comme si les conditions météorologiques avaient complètement changé depuis. Passant du beau au nuageux, d'un ciel bleu à un ciel blanc-gris.
Samuel Davis pourrait se rendormir aussi sec, mais il fait de son mieux pour se garder éveillé.
La télévision est toujours allumée, mais le programme n'est plus le même. Il s'agit d'une émission d'actualité. Une horloge en bas de l'écran affiche 20:20 et il se rend compte qu'une nouvelle journée vient de disparaître sans qu'il ne puisse s'en souvenir. C'est une journée de convalescence bien sûr, mais il est en colère à l'idée

d'avoir perdu une journée… surtout qu'il a déjà perdu la précédente pour une opération chirurgicale, et celle d'avant à l'alcool.

Il a en horreur ce gâchis monumental. Il pourrait être mort avant la fin de la semaine, mais il a perdu les trois dernières journées à boire, à dormir et à se remettre d'une opération.

Samuel n'a jamais réussi à ne rien faire. Il se souvient encore de son voyage au Tibet il y a littéralement un siècle de cela. Il avait décidé de chercher une nouvelle voie spirituelle pour donner un sens à sa vie qui en manquait cruellement. Mais la méditation était une torture pour lui : rester assis sans rien faire était la dernière chose qu'il voulait faire.

Samuel a toujours été la personne qui avait besoin de lire un livre, écouter un podcast, jouer à un jeu, regarder une série… dès qu'il se déplaçait en voiture, train ou transport en commun. S'asseoir en tailleur pour faire un travail d'introspection sur ses propres pensées, en voilà une activité qui n'avait rien pour le séduire. Il avait vraiment essayé, mais il s'était très vite retrouvé à contempler les paysages, avant de se décider à réaliser de longues randonnées dans ces magnifiques paysages.

Le Tibet n'avait pas été un voyage spirituel. Cela avait été un voyage au milieu de personnes spirituelles. Il avait eu de longues conversations pour tenter de saisir cette transcendance qu'il ne pouvait pas partager. Mais c'était bien évidemment infructueux : comme d'expliquer l'orgasme féminin à un homme. Il est possible de comprendre les mots sans jamais pouvoir s'en imaginer l'expérience.

Samuel a toujours détesté être inactif, et il a encore davantage de ressentiment envers les longues nuits de sommeil. Et voilà qu'il est sur le point de conclure quarante-huit heures d'inconscience consécutives.

Bien sûr, il sait combien le sommeil est une fonction biologique essentielle à la bonne marche du corps humain, il ne peut pourtant s'empêcher de se demander comment un mécanisme aussi utile peut en même temps sembler être une effroyable perte de temps. Ses paupières sont toujours lourdes, mais il arrive à bâiller et à s'étirer pour se forcer à ne pas rester dans sa léthargie.

Sur l'écran de sa télévision murale, un débat a lieu entre deux jeunes femmes :

— Les gens ont peur… ils vont se créer des mensonges. Vous avez peut-être entendu parler du Refuge, la Cité où la mort ne serait plus un problème…

— Je n'en ai jamais entendu parler…

— Il s'agit d'un projet que ses créateurs tentent de garder confidentiel…

— Voilà qui est raté, blague la présentatrice. Vous venez d'en parler devant des millions de téléspectateurs. Mais je vous propose de poursuivre nos échanges d'ici quelques instants.

L'attention de Samuel Davis est accrochée malgré la fatigue qu'il ressent.

Ce qui suit pourtant est l'une des ignobilités de notre époque, une page de publicité qui vient scinder le programme en deux.

Samuel découvre une réclame pour un voyage Paris-Los Angeles en quarante-cinq minutes en utilisant l'un de ces tunnels à grande vitesse qui ont commencé à raccorder le monde depuis 2042.

Il veut en savoir plus sur le Refuge, mais la pause publicité dure plus de dix minutes et quand les informations reprennent... Samuel est profondément endormi.

Chapitre 10
209 ans et 8 jours

Le Refuge, la cité où la mort n'est plus un problème. C'est la toute première pensée qui traverse l'esprit ensommeillé de Samuel le lendemain matin.

Un infirmier pénètre dans la pièce avec un plateau-repas dans les mains.

— Bonjour, lance-t-il avec un sourire sincère. Vous avez meilleure mine qu'hier.

Samuel ne le reconnaît pas. A-t-il eu une conversation avec lui ? Les antalgiques ont effacé une partie de sa mémoire. Il se force à sourire en retour et répond :

— Je me sens mieux qu'hier en tout cas.

Sur le plateau, un verre de jus d'orange, une tasse de thé et un bol de porridge avec des myrtilles et une lampée de sirop d'érable. La nourriture d'hôpital s'est-elle améliorée depuis sa jeunesse ? Il a l'intime conviction que c'est le cas, mais c'était il y a tellement longtemps maintenant.

Il a parfois l'impression d'être incapable de se remémorer précisément des évènements qui ont eu lieu il y a plus d'un siècle. Est-ce qu'il a rêvé certaines choses ? Comment se fait-il en même temps que ses instants avec Elizabeth Perseo semblent aussi vivides… et surtout ces dernières semaines ?

Le cerveau n'a pas été « pensé » pour contenir des souvenirs sur une telle période. Peut-être qu'une nouvelle évolution de l'être humain va développer un cortex cérébral qui sera adapté à cette nouvelle longévité.

Mais de temps en temps, Samuel a le sentiment que sa mémoire est devenue sélective avec la saturation de moments de vie en tous genres.

Le visage de cet infirmier a peut-être été immédiatement effacé devant la trivialité de cette information. Quand vous avez vu des visages pendant 209 ans, vous n'avez pas besoin de vous rappeler d'un seul supplémentaire, à moins qu'il soit d'une importance capitale pour vous.

Déjà qu'il s'est mélangé entre ses différents arrière-arrière-petits-enfants, alors qu'on ne lui demande pas de réussir à mettre un nom sur les membres du personnel soignant.

Le Refuge, par contre, est une information qui ne s'est pas évanouie avec le sommeil. Au contraire, il est persuadé d'en avoir rêvé cette nuit… peut-être même toute la nuit. Il était en quête du Refuge… son nom se transformait parfois en El Dorado pendant ses songes. À d'autres moments encore, les noms se brouillaient et il se rappelait avoir entendu quelqu'un lui parler d'El Refugio. Ces détails de son rêve sont précis dans son esprit pendant quelques secondes avant qu'il ne s'efface comme un château de sable rattrapé par la marée.

Samuel avale son petit déjeuner en faisant de petites cuillerées. Il a pris l'habitude de manger ainsi pour bien profiter de chaque aliment.

Il ne peut pourtant pas s'empêcher d'attraper la tablette mise à disposition par l'hôpital pour son divertissement.

Il va sur un moteur de recherche et entre « le Refuge ». Deux cent cinquante millions de résultats.

Il n'a pas terminé de parcourir la première page qu'il pressent déjà que la tâche va être ardue.

Le Refuge est le nom d'un certain nombre d'hôtels, de chambres d'hôtes, de centres de méditation, d'associations, de films, de livres… mais aucune mention de ce qui l'intéresse vraiment.

Il va tenter d'affiner sa recherche :

« Le Refuge immortalité » lui retourne très peu de résultats et aucun pertinent.

« Le Refuge mort » semble être également une impasse. Il est sur le point de faire une nouvelle requête quand il ouvre un lien présent sur la quatrième page.

Il n'est pas particulièrement plein d'espoir sur les chances d'aboutir à quelque chose, quand ses yeux glissent sur la phrase :

— Vous avez entendu parler du Refuge hier aux informations ? Quelqu'un en a entendu parler ?

Il est sur un espace de discussion. Le mot « forum » lui vient à l'esprit et cela le fait sourire. Il a passé de longues heures sur ces plateformes quand il était jeune. Heureusement, les espaces de discussion d'aujourd'hui n'avaient rien des forums antédiluviens.

Les différentes réponses n'étaient pas très engageantes. Soit les personnes n'avaient aucune idée de ce dont il parlait, soit elles étaient aussi curieuses que lui sans avoir plus d'informations.

Ils avaient les mêmes faits que lui : le Refuge est une Cité où la mort ne serait plus un problème.

— Est-ce que l'on sait au moins si c'est en France ?

— Est-ce que l'on sait au moins s'il existe vraiment ?

— Je crois en avoir entendu parler par des habitants du village de Roubion lors de nos dernières vacances.

À nouveau, il est sur le point de poursuivre ses recherches sans faire attention à ce dernier message quand il décide de creuser juste un instant.

Roubion est un village de cent trente-deux habitants dans les Alpes-Maritimes. Il est situé à l'intérieur du parc national du Mercantour.

Probablement que les habitants de ce village parlaient d'un refuge de montagne. Il pousse encore un peu plus loin et ne découvre aucun refuge recensé dans cette zone.

Samuel aurait envie que ce soit un moment excitant, le genre de moment « eurêka » où l'on sait avoir décrypté une énigme. Mais s'il devait parier sur cette piste, il parierait que cela ne le mènera à rien.

Il réalise donc quelques requêtes supplémentaires avant de se rendre à l'évidence : Roubion est sa piste la plus prometteuse. Il décide de prendre des billets pour un voyage dès le lendemain.

Il commence alors à se lever pour rassembler ses affaires.

— Que faites-vous ? lance une voix enjouée derrière lui.

Il se retourne pour découvrir le Dr Adélaïde Friedman sur le pas de porte.

— Je... J'allais partir, avoue-t-il sans gêne dans la voix.

— Ce n'est pas à moi de vous dire si vous pouvez sortir ? questionne-t-elle avec le même entrain.

— Bien sûr... mais j'ai 209 ans, vous savez. Et j'ai probablement moins de deux cent neuf jours à vivre. Alors je ne suis pas sûr d'avoir la patience d'écouter les conseils de quiconque.

Elle rit de bon cœur en lâchant :

— Ahah ! Cela tombe bien, j'allais signer votre décharge. Vos examens sont bons.

Samuel Davis a un soupir de soulagement. Il s'attendait presque à se voir présenter une autre mauvaise nouvelle et il n'avait définitivement pas besoin de cela en ce moment.

— On se voit toujours dans quatre jours ? questionna la doctoresse.

Le fameux 209 ans et 12 jours où il devait se faire opérer.

— Non, je ne vais pas pouvoir honorer notre… rendez-vous.

Il prononce cela comme si ce dernier était un rendez-vous galant, comme ils en ont l'habitude de blaguer sur leurs régulières rencontres, mais le cœur n'y est pas vraiment quand il le dit.

— Que se passe-t-il ? demande Adélaïde.

— Je n'ai plus de police d'assurance.

Le visage de la doctoresse se défait en un instant. Elle a l'air affectée, comme s'il venait de lui annoncer un décès, pour la simple et bonne raison que c'est à peu près cela qu'il lui communique.

— Je suis désolée, lâche-t-elle en posant ses mains sur la sienne.

Samuel délivre l'histoire en quelques mots, comme si raconter la situation en détail était une perte de son précieux temps.

Le Dr Friedman hoche doucement la tête de haut en bas :

— Je comprends mieux le stress qui vous a causé vos soucis d'hier.

— Je ne vous ai pas expliqué tout cela hier parce que je ne m'en sentais tout simplement pas la force.

— Bien sûr ! Je ne vous en veux pas, lui assure-t-elle avec un clin d'œil compatissant. Mais qu'allez-vous faire ?

Samuel était arrivé à un moment dans sa vie où il n'avait plus aucune raison de ne pas dire la vérité. Il n'avait plus peur d'être jugé.

— J'ai entendu parler d'un lieu nommé le Refuge, une Cité où la mort n'est plus un problème.

— Dit comme cela, ça ressemble un peu à une secte, non ?

— Je n'y ai pas pensé en ces termes. J'imagine que cela pourrait ressembler au discours d'une secte. Mais je suis à un point où je ne risque plus grand-chose.

Le silence s'installe entre eux pendant quelques longues secondes, puis Samuel reprend :

— L'opération que nous devions faire dans quatre jours… est-ce que je peux survivre longtemps sans la réaliser ?

Le docteur Friedman commence par soupeser cette question avec beaucoup de sérieux avant de se fendre d'un petit sourire :

— Au moins deux cent neuf jours.

Il apprécie le fait que leur conversation garde une forme de légèreté. Il n'a pas besoin de plus de pesanteur dans sa vie en ce moment. Il a déjà l'impression d'être sur une planète à la gravité cent fois supérieure à celle de la Terre, écrasé sur le sol sous le poids de celle-ci.

C'est pourtant lui qui vient assombrir la conversation en utilisant le moins beau temps de la langue française : le passé composé.

— Vous avez été un excellent médecin.

Le sourire de la doctoresse s'éteint et sa voix est pleine d'émotion quand elle prononce à son tour :

— Vous avez été un excellent patient.

Ils s'approchaient du mot « adieu » sans jamais le formuler.

Adélaïde pose sa main sur celle de Samuel et exerce une pression de quelques secondes. Elle sort de la pièce.

Samuel Davis quitte sa blouse d'hôpital pour retrouver ses vêtements. Il empaquette le peu d'affaires qu'il a avec lui et se commande un véhicule autonome. C'est une Catawba XS qui arrive au bas de l'hôpital à la seconde où il émerge de son entrée principale.

Ce véhicule peut contenir jusqu'à cinq passagers et deux autres sièges sont déjà occupés. Il aurait apprécié profiter du calme d'un véhicule vide, mais il a pris l'habitude de partager son moyen de locomotion pour réduire l'empreinte carbone de l'humanité au maximum.

Il les salue d'un signe de tête et les deux autres l'imitent. Peut-être qu'il va tout de même avoir son trajet silencieux. Cet espoir vient vite disparaître quand la femme d'un certain âge à sa gauche l'interpelle en disant :

— Je suis Leïla. Enchantée de faire votre connaissance, Monsieur.

Il y a dans sa voix un doux roucoulement qui lui indique immédiatement des origines latines.

— Samuel, lâche-t-il simplement.

— Rien de trop grave, demande-t-elle en désignant l'hôpital de son nez.

S'il considère avoir atteint un moment de sa vie où il n'a plus aucune raison de mentir, il n'a vraiment pas envie de s'étendre sur sa vie avec une inconnue. Il secoue la tête de droite à gauche avec l'air de dire : « une simple broutille ». Elle paraît rassurée.

Le deuxième occupant du véhicule est un jeune homme qui ne s'embarrasse pas de présentation. Ses yeux reflètent la lumière d'une tablette comme la lune répercute celle du soleil, avec un éclat terne et un peu triste.

— Quel âge me donneriez-vous ? lâche Leïla le plus sérieusement du monde.

Sans lever les yeux de son écran, le jeune homme a un sourire furtif qui l'informe que celui-ci avait déjà joué à ce jeu.

Ce jeu des devinettes a toujours eu quelque chose de stupide. Si vous surestimez l'âge d'une personne, vous pouvez la blesser, si vous le sous-estimez, vous passez pour un flatteur, et si vous trouvez l'âge exact, la personne aurait probablement préféré avoir l'air plus jeune que son âge. Bref, c'est un jeu perdant à tous les coups.

— 75 ans, se hasarde-t-il sans aucune conviction.

Leïla affiche aussitôt un air complètement outré.

— Comment osez-vous ? lâche-t-elle à demi-voix.

Elle est stupéfaite que Samuel ait pu penser cela.

— 75 ans, 75 ans, répète-t-elle pour elle-même dans un marmonnement.

Il hésite à s'excuser, mais n'en ressent absolument pas l'envie. Surtout que cette estimation ratée lui procure exactement ce qu'il avait espéré pour le restant du voyage : le silence.

Leïla se force à rester figée avec le visage tourné vers l'extérieur, faisant semblant de regarder par la fenêtre pour ne pas montrer combien elle fulmine.

Une demi-heure plus tard, le véhicule se stoppe face à une petite maison et Leïla se prépare à sortir. Ce n'est qu'à ce moment que

Samuel décide de rompre le silence pour demander à la femme vexée :

— Vous voulez deviner mon âge ?

Il peut voir le moment où elle soupèse la possibilité de ne pas répondre, mais préfère encore l'option qui lui permettra de blesser Samuel en retour :

— 90 ans !

Il peut voir combien elle prononce cet âge pour l'insulter, avec la certitude de le vieillir de facilement quelques décennies.

— J'en ai 209.

Elle écarquille les yeux de surprise. Samuel poursuit :

— Je suis probablement la plus mauvaise personne à qui demander une estimation d'âge… on ne ressemble plus à l'âge que l'on a vraiment aujourd'hui.

Leïla reste encore muette et se retourne une dernière fois vers lui quand elle a quitté l'habitacle du véhicule.

La porte se referme et elle n'a toujours pas réussi à sortir de son mutisme.

— Vous avez réellement 209 ans ? le questionne le jeune homme qui ne s'est pas présenté.

Il n'aime pas ne pas avoir un prénom en tête pour le désigner et décide de l'appeler Gary. Il a une tête à s'appeler Gary.

— Oui, j'ai eu 209 ans il y a 8 jours.

— Vous êtes un intégral ? demande Gary.

Samuel n'a jamais aimé ce vocabulaire qui symbolise son départ complet de l'homme qu'il était à la naissance.

— Oui, acquiesça-t-il tout de même. Je n'ai plus aucune pièce d'origine si c'est ce que vous voulez savoir.

— Et est-ce que…

Il interrompt Gary sans la moindre hésitation :

— Je préférais encore quand vous ne disiez rien.

Ce n'est pas dans son tempérament de parler comme cela aux gens… mais il n'a pas le temps de s'embarrasser de cette conversation.

Peut-être que la proximité de la mort va le rendre exécrable avec tout le monde. Il n'espère pas. Personne ne devrait mourir en étant détestable.

Le trajet se poursuit sans un mot.

Le véhicule dépose d'abord Gary avant d'arriver au manoir Perseo.

Il s'en extrait avec lenteur, poussant un petit soupir plaintif au moment de se redresser. Pour la première fois de sa vie, il a bel et bien l'impression d'avoir son âge.

Samuel ouvre sa porte pour se retrouver à nouveau dans le silence complet. Quand a-t-il appris à apprécier l'absence de son ?

Il n'en sait rien.

Il se rappelle précisément avoir été à l'opposé de ce spectre pendant son adolescence. Il avait un besoin constant d'écouter de la musique. Et quand il n'avait pas un casque sur les oreilles, ou sa chaîne hi-fi au trois-quarts du volume maximum (le dernier seuil autorisé par ses parents), il tapotait sur toutes les surfaces à sa disposition pour mimer les rythmes de batterie de ses morceaux préférés.

Sur la table, sur le canapé ou, s'il n'avait absolument rien d'autre, sur ses propres jambes ou sur sa poitrine.

Il avait écouté du punk rock, du métal, du rock indépendant, du rock progressif, du post-rock, avant de développer un goût prononcé pour le silence.

Comment une chose aussi importante pour lui avait-elle pu se perdre en l'espace de quelques années ? Quel avait été l'élément déclencheur, si tant est qu'il y en eût un ?

Peut-être existe-t-il un taux de saturation pour tout : quand on atteint cinquante mille heures ou cinq cent mille heures d'une chose… peut-être que le corps et l'esprit en font un rejet. Tout comme un corps va rejeter ses organes les uns après les autres après un certain nombre d'années.

Samuel décide alors d'écouter de la musique : pour voir s'il est encore en mesure d'en profiter. Il met en route son système audio et va chercher un vieil album depuis une application de streaming audio de tablette.

Il retrouve une piste nommée The Raven That Refused to Sing qu'il avait adorée à sa sortie.

Les premiers sons arrivent en collision avec son tympan. La mélodie débute ensuite au piano. Et c'est à cet instant précis qu'un frisson lui parcourt tout le corps. Une vague d'émotion. Un sourire et une larme.

Un souvenir lui revient aussitôt en mémoire. Avec Elizabeth, ils s'étaient rendus à Londres spécialement pour un concert de l'artiste au Royal Albert Hall.

The Raven That Refused to Sing avait été la dernière chanson du concert… et cette mélodie l'avait accompagné pendant plusieurs heures après la sortie de la salle.

Cette soirée avait déjà été mémorable, mais il avait été également marqué par un autre évènement : sa rencontre inattendue avec l'artiste.

Elizabeth et lui étaient allés boire un verre dans un bar à quelques pas du Royal Albert Hall quand, en sortant, ils s'étaient retrouvés nez à nez avec plusieurs membres du groupe. Steven Wilson, le leader du groupe, était parmi eux. Il venait de nettoyer ses lunettes et il était en train de les rechausser quand Samuel lui avait lancé :

— Le concert était fantastique.

Il sembla surpris et lui répondit d'une voix tout à fait sincère :

— Oh… merci beaucoup !

Et il poursuivit son chemin.

Samuel fut frappé par une réalisation : il ne s'agissait que d'un homme comme les autres. Probablement à la recherche d'un bar où boire une bière ou d'un restaurant pour manger après ce long concert.

Et c'est quelque chose qui se répétera dans sa vie à de nombreuses reprises. La découverte que l'on a tendance à mettre artificiellement des hommes et des femmes au-dessus du lot… alors même qu'ils sont ordinaires. Ils ont souvent été paumés comme nous à l'adolescence. Ils ont connu l'échec, la frustration. Et, un jour, ils ont réussi à percer et à se construire une petite ou une grande notoriété.

Certains deviennent des rockstars, des acteurs, des écrivains, des Présidents de la République, mais ce ne sont que des hommes et des femmes, sans rien d'extraordinaire.

Il se souvient avoir espéré la célébrité quand il était plus petit. Il voulait être un écrivain à succès, être reconnu pour son art… avec

la certitude que cela allait signifier que l'ensemble de ses
problèmes allaient s'évanouir.

Il allait être aligné.

Mais les rockstars divorcent, les écrivains perdent l'inspiration et
tombent dans l'oubli, les acteurs se droguent pour oublier la
pression du regard constant de leurs fans, les Présidents de la
République dépriment et deviennent violents…

Être célèbre… réussir sa vie d'après la plupart des critères qu'il
s'était vu inculquer… ce n'était absolument pas la fin de ses
problèmes. C'était le début d'autres.

Il le prend donc comme un appel à se satisfaire de ce qu'il a, de
trouver des satisfactions dans son niveau de vie. Des études
l'avaient prouvé : au-delà d'un certain niveau de revenus, avoir
une augmentation de salaire ne vous rend pas plus heureux. Vous
avez encore le sentiment de devoir gagner un peu plus, puis un peu
plus… pour au final ne jamais réussir à se satisfaire de ce que vous
avez.

C'est le mythe de Sisyphe à perpétuité. Ce célèbre châtiment
consistant à devoir pousser une pierre au sommet d'une montagne,
d'où elle finit toujours par retomber. Si vous cherchez à réussir
votre vie grâce à la célébrité et à l'argent, votre pierre finira
toujours par retomber tout en bas.

Samuel Davis avait ainsi essayé de trouver de la satisfaction dans
les moments passés avec sa famille ou ses amis autour d'un repas.
Des plaisirs qui sont aussi bien accessibles à un chef d'entreprise
milliardaire qu'à un fermier.

The Raven That Refused to Sing arrive à sa dernière note et il sourit à nouveau. Voilà un petit plaisir qu'il a presque oublié. Et pour la première fois depuis qu'il a appris sa mort imminente… Samuel se sent bien.

Chapitre 11
209 ans et 9 jours

Samuel Davis a préparé ses valises la veille au soir, juste avant de se coucher. Ce matin, il n'a donc plus qu'à se lever, se laver et à se rendre jusqu'à la gare pour prendre le train.

Une matinée qui peut sembler facile à traverser. Pourtant, rien ne va être simple.

Il a le même sentiment que lorsqu'il avait voulu construire une cabane dans l'arbre du jardin pour se rendre compte au bout de plusieurs heures qu'il avait mal lu le plan et que le tout premier élément qu'il avait mis était à l'envers. Il allait falloir tout démonter pour tout recommencer. Il avait ressenti un mélange de colère, de tristesse, de frustration. C'est exactement ce cocktail d'émotions qui l'étreint au sortir du lit.

Inconsciemment, il se met à penser à son voyage à Berlin. C'était dix ans après la mort d'Elizabeth et il s'était décidé pour une excursion de quelques jours dans la capitale allemande.

Il commençait sa deuxième journée sur place par la visite des souterrains de la ville. Il s'agissait d'une succession de tunnels et de bunkers qui avaient été aménagés pendant la Deuxième Guerre mondiale pour se préparer à l'éventualité d'un bombardement. Samuel avait déjeuné avec un couple d'amis en planifiant ce voyage, et ils lui avaient recommandé cette activité. Ce n'était définitivement pas quelque chose qu'il aurait fait par lui-même, mais quand il s'était rendu compte de la proximité de son hôtel avec l'entrée de la visite, il s'était décidé à tenter l'expérience. Sans surprise, ces souterrains étaient tout ce que vous pouviez attendre d'un abri antiaérien. Du béton éclairé par des néons, de lourdes portes métalliques, de grandes pancartes écrites en allemand donnant des instructions sur la marche à suivre en cas de bombardement.

La visite n'était absolument pas inintéressante puisqu'elle offrait une fenêtre vers la vie pendant la Seconde Guerre mondiale, mais elle était peut-être un peu trop longue.

C'était du moins l'avis de Samuel qui laissa le gros du groupe le dépasser pour ne pas être à portée de voix immédiate de leur guide. C'est là qu'il remarqua une femme aux cheveux courts qui avait adopté la même tactique.

Elle sourit :

— Je vois que je ne suis pas la seule à avoir eu ma dose d'histoires sur la vie dans un bunker.

— En effet, avait-il lâché en lui rendant son sourire.

Immédiatement, un signal d'alarme s'était mis en route dans son esprit. Il avait pourtant décidé de l'ignorer et avait poursuivi en disant :

— Je m'appelle Samuel.

— Enchantée, Samuel. Je suis Sara.

Ils avaient continué la visite en marchant l'un à côté de l'autre.

— Votre accent… vous venez de…

— Londres, acquiesça-t-elle en riant. Je ne peux malheureusement pas cacher très longtemps mes origines britanniques.

Et en effet, Samuel avait immédiatement remarqué cette diction si caractéristique, impossible à confondre avec un américain, qui avait quelque chose de distingué sans être prétentieux.

— Et vous ?

Il avait hésité quelques secondes sur comment répondre à cette question. Elle avait alors lancé d'un air facétieux :

— Sauf si c'est un secret bien sûr.

— Non, non… je suis d'un peu partout !

Au moment des faits, Samuel avait fêté ses 61 ans et il avait effectivement l'impression de n'avoir aucune nationalité, aucune attache.

— Mais la vraie réponse à cette question… c'est le New Jersey. Mais j'ai aussi vécu à New York, à Paris… et aujourd'hui j'habite toujours en France.

La visite arrivait à sa fin et Sara lui proposa de déjeuner ensemble au midi. La proposition semblait tout à fait innocente, mais l'alarme s'était remise en marche dans son cerveau.

Il avait spontanément envie de dire « non », mais il avait dit « oui ».

Sara l'emmena alors dans un restaurant où Samuel avait déjà mangé la veille au soir. Pourtant, il ne lui dit pas. Elle avait l'air tellement heureuse de lui faire découvrir une bonne adresse, qu'il n'avait pas voulu la décevoir. Il prétendit donc découvrir la carte et se décida pour un plat qu'il n'avait pas mangé lors de sa dernière visite.

Son visage se crispa quand il aperçut que le serveur était le même que la veille.

— Content de vous revoir, lança-t-il d'un air enjoué.

Sara eut un moment d'incompréhension avant de le questionner :

— Vous êtes déjà venu ici ?

— Hier soir, admit-il d'une voix coupable.

— Mais pourquoi ne me l'avez-vous pas dit ? On peut encore aller dans un autre restaurant.

Elle fit mine de se lever.

— Non, non… ce sera très bien ! le rassura-t-il en posant sa main sur la sienne pour la retenir.

Il frissonna à l'instant où leurs peaux entrèrent en contact et il se retira aussitôt.

Ils terminèrent de commander et ne prononcèrent pas un mot pendant la minute suivante.

Samuel se sentit stupide. Il avait l'impression d'être un enfant que l'on avait pris à voler des bonbons à la boulangerie.

— Je suis désolé, lâcha-t-il. J'ai compris à votre voix que vous aviez envie de partager ce restaurant avec moi. Me le faire découvrir… et je n'ai pas eu le cœur à vous enlever ça.

Elle sourit. Cette fois, ce fut elle qui posa sa main sur la sienne et le frisson se renouvela.

Samuel avait alors brusquement enlevé sa main et s'était levé de sa chaise dans un même mouvement.

— Je suis désolé. Je ne peux pas.

— Vous ne pouvez pas quoi ?

— Faire ça… discuter avec vous… flirter.

Le mot est enfin sorti, mais le prononcer rendit la situation encore plus ridicule. Cela ressemblait à un mot d'adolescent.

— Vous êtes marié ? le questionna-t-elle.

— Oui, répondit-il du tac au tac avant de se reprendre. Non ! Elle est décédée.

Samuel détestait utiliser ce mot, en fait il haïssait l'idée de l'entendre. Sa sonorité, la simplicité de ses sons… alors même qu'il renfermait la réalité la plus difficile de son existence. Elizabeth n'est plus. Et elle ne sera plus jamais.

— Je suis désolée, lâcha Sara à voix basse. Depuis…

Il la coupe en expirant :

— Cela fait dix ans. Cela devrait être assez long. Mais cela pourrait aussi bien faire dix jours que dix minutes. Je ne peux pas. J'ai l'impression de la trahir. De salir sa mémoire. De la tromper.

— OK OK OK, déroula-t-elle d'une voix rapide. Je peux comprendre… enfin non, mais je peux imaginer.

Tout le restaurant était silencieux autour d'eux, mais ce n'était qu'une illusion. Il était tout aussi bruyant qu'auparavant, mais c'étaient eux qui ne l'entendaient plus.

Samuel hésitait à s'excuser et à partir, mais Sara sembla lire cette pensée et vint la désamorcer :

— J'avais l'impression que vous passiez un bon moment avec moi. Que c'était agréable d'échanger ensemble…

— C'était le cas, assura-t-il.

— Alors, pourquoi ne pas poursuivre ? Juste deux adultes qui déjeunent et discutent sans autre arrière-pensée que de passer un moment agréable.

Cela sembla rationnel. Samuel se laissa convaincre et il s'installa à nouveau face à elle.

Ils allaient passer la journée ensemble, à continuer leur visite de Berlin. Et au moment de la déposer à son hôtel, Sara s'était avancée. Ils s'étaient embrassés. Ils avaient été jusqu'à faire l'amour dans sa chambre, même si Samuel avait été rongé par l'envie de partir à chaque instant. C'était si bon d'être à nouveau avec une femme, de sentir son corps contre le sien. Mais c'était aussi tellement mal et difficile vis-à-vis de la mémoire d'Elizabeth. Il allait quitter la chambre d'hôtel sur le petit matin sans éveiller Sara, sans lui laisser de message ou de numéro de téléphone. Il avait même décidé d'écourter son voyage en Allemagne pour reprendre le train dans la journée. Il ne voulait pas prendre le risque de recroiser la route de Sara. Parce qu'il savait que s'il la croisait à nouveau, ils allaient de nouveau faire l'amour. Il ne pourrait pas s'en empêcher, il y avait un côté animal dans cette envie de sexe. Et il ne voulait pas.

Pendant le mois qui suivit, il traversa une dépression. C'était comme s'il perdait Elizabeth une nouvelle fois. Jusqu'à présent, elle était restée sa première et sa dernière… son seul amour. Il venait de briser ce lien.

Retour au présent, à la neuvième journée de sa 209e année. Pourquoi s'est-il replongé dans ce mauvais souvenir ?

S'il ne veut pas se l'avouer de prime abord, il sait pertinemment quel est le point commun entre les évènements de Berlin et la situation actuelle : il a le sentiment de trahir Elizabeth, de briser un nouveau lien.

Pour la simple et bonne raison qu'une fois lavé et habillé, il quittera le manoir pour la dernière fois, il en est certain.

Elle aimait tellement cette maison. Ils avaient passé tant de moments merveilleux ensemble.

La prochaine fois que quelqu'un viendra entre ces murs, ce sera sa famille qui se pressera de pièce en pièce pour se partager ses différentes possessions.

Qui récupérera les tableaux ? Qui voudra de sa collection de livres ? Qui tombera émerveillé devant la boîte contenant les portraits d'Elizabeth ?

Il a beau aimer sa famille, il ne peut s'empêcher d'imaginer qu'il y aura des vautours parmi eux, des personnes qui ne sont là que pour évaluer ce qui a de la valeur pour le revendre aussitôt.

Le temps presse. Il n'a tellement pas envie de quitter ce manoir qu'il a pris trop de temps à se préparer. Il lui faut partir s'il ne veut pas rater son train. Il attrape ses valises et se retrouve sur le seuil de sa propre maison. Il lance un dernier coup d'œil à l'intérieur au moment où la porte se referme dans un bruit mat. Il pense à la porte d'un tombeau égyptien qui se referme pour l'éternité.

Le véhicule autonome est déjà là. Le coffre s'ouvre automatiquement à son approche. Samuel y jette ses bagages et entre s'asseoir sur l'un des fauteuils. Il n'est pas encore installé que la voiture est partie. L'intelligence artificielle embarquée sait que le timing va être serré et calcule comment s'assurer d'arriver à temps sans causer le moindre danger.

La destination est affichée en haut d'un écran de contrôle : Gare de Lyon.

L'heure estimée d'arrivée est affichée en rouge, symbolisant le fait que, dans l'état actuel des choses, il aura deux minutes de retard vis-à-vis de l'heure de son train.

La campagne défile autour de lui, avant qu'il n'arrive à une voie à grande vitesse où son véhicule se positionne aussitôt tout à gauche avant d'accélérer au maximum de ce qui est autorisé.

Automatiquement, prenant en compte l'aspect prioritaire de son arrivée à l'heure, l'ensemble des véhicules en réseaux s'écartent de son chemin pour lui permettre de garder sa vitesse maximale aussi longtemps que possible.

Il n'aura plus qu'une minute de retard. Zéro minute. Une minute d'avance.

Le véhicule fait son entrée dans Paris. Nous sommes en 2195 et la capitale française n'a que très peu changé depuis sa jeunesse.

C'est drôle de voir à quel point la science-fiction a été trop ambitieuse, trop certaine que la technologie allait engloutir le monde. Paris ne ressemble pas au New York du Cinquième Élément, à Mad Max, à Minority Report…

Paris ressemble à Paris. Avec de très légères différences, des touches discrètes.

C'est étrange de penser que le futur n'aura pas été futuriste.

Les crises successives qui ont jalonné les années 2020 à 2050 l'ont bien fait comprendre. La consommation irraisonnée devait se ralentir pour revenir à une humanité plus respectueuse de l'environnement. Un groupe d'extravagants avait réussi à lancer l'idée qu'il fallait, symboliquement, brûler la Déclaration des droits de l'homme et du citoyen, pour écrire un nouveau texte qui reflète davantage les aspirations des nouvelles générations.

Le document s'intitulait La Déclaration des droits du Vivant. Une première version s'était appelée La Déclaration des droits de l'Humanité et du Vivant, le mot « Humanité » ayant été choisi pour ne pas mettre en valeur ce qui avait été trop longtemps considéré comme étant le sexe fort. Il avait pourtant été abandonné parce que séparer l'Humanité du Vivant, s'était reproduire l'erreur de nombreuses générations. L'humanité n'est pas en dehors du vivant ni au-dessus. L'humanité est une partie du vivant, et ce texte soulignait le besoin d'avoir un impact le plus neutre possible, voire positif.

L'humanité devait cesser d'être une nuisance, pour régénérer les écosystèmes qu'elle avait détruits.

Paris n'avait donc pas poursuivi son expansion, et de nombreux urbains étaient partis s'installer partout en France. Le boum du télétravail survenu à partir de 2020 avait été la preuve que les entreprises pouvaient s'organiser sans le besoin de bureaux physiques. Depuis lors, de nombreuses personnes s'étaient installées au vert, se mettant à mi-temps ou à trois quarts temps pour garder un peu de temps pour s'occuper de leurs jardins et produire leur propre nourriture autant que possible.

La déconnexion avec la terre n'avait duré qu'une seule génération. Auparavant, l'ensemble de la population avait un parent ou un grand-parent agriculteur, et cela permettait de savoir comment la nourriture était produite. Cela avait changé autour de l'an 2000 où un nombre extrêmement faible d'agriculteurs s'étaient retrouvés à nourrir notre société de service.

Le Paris que Samuel découvre alors sous ses yeux en 2195, c'est un Paris avec davantage de parcs, de zones vertes, de pistes cyclables et de moyens de recharger les voitures électriques.

Le Paris végétalisé de 2195 lui semble encore plus agréable que celui qu'il avait connu avec Elizabeth. Il faut dire que les maires successifs s'étaient donné énormément de mal pour que la capitale soit à la pointe de l'écologie : un modèle de neutralité carbone.

Sa voiture arriva devant la Gare de Lyon en affichant sept minutes d'avance sur le train qu'il devait attraper.

Samuel empoigna ses deux valises et se dirigea rapidement vers le grand bâtiment beige.

Son train pour Toulon était déjà annoncé à la voie onze. De là, un autre train l'emmènerait jusqu'à Nice, puis une voiture autonome jusqu'à Roubion. L'ensemble du trajet allait durer quatre heures trente.

Un couple s'enlace sur le quai, s'embrassant avec fougue.

Samuel a l'envie de leur crier de se prendre une chambre, mais il ne souhaite pas adopter le rôle du vieux con.

Il se contente de grimper dans le bon wagon, avant de se mettre à la recherche de sa place. Une femme aux cheveux courts est installée dans le siège face à lui et il fut persuadé que c'était Sara… pendant un très bref instant.

Même si Sara devait bien avoir quinze ans de moins que lui à Berlin, elle était sans doute morte et enterrée depuis bien longtemps. Ce n'est pas donné à tout le monde de frôler les deux cents ans.

Cette pensée l'attriste. Surtout qu'elle est très vite suivie par une autre :

— Toutes les personnes que j'ai connues pendant mon enfance et adolescence sont probablement mortes.

Une fois assis, une voix se fait entendre :

— Bonjour à toutes et à tous, je suis Laetitia, votre chef de bord. Vous avez bien pris place dans le train HL 8868 à destination de

Toulon. Merci aux personnes accompagnant les voyageurs de bien vouloir descendre de voiture. Je vais passer parmi vous d'ici quelques minutes…

Tout semble tellement familier. Le train démarre et il regarde le paysage défiler à grande vitesse par la fenêtre panoramique.

Encore une fois, Paris ressemble à Paris. Comme si la ville a été figée dans le temps par la réalisation soudaine qu'elle ne peut pas continuer à s'étendre et à se moderniser sans détruire l'environnement. Elle a donc stoppé son expansion pour venir adoucir son mode de vie.

Des panneaux solaires à haute efficacité sont visibles sur la quasi-totalité des toits, permettant à ces foyers de produire l'énergie nécessaire à ses habitants.

Des jardins potagers se sont aussi multipliés partout où cela était possible, colonisant parfois les rues.

La vue de cette ville végétalisée lui fait penser au film Je suis une légende qu'il avait vu à sa sortie au cinéma en 2007. Une ville où la Nature a repris ses droits, sauf que dans le Paris de 2195, l'humanité est encore bien présente, et elle a choisi où la Nature pouvait réapparaître.

Il ferme les yeux, conscient du fait qu'il n'arrivera pas à s'endormir. Il a l'impression d'avoir fait une excellente nuit, et d'être aussi frais que cela est humainement possible.

Samuel passe une grande partie du trajet sans avoir un train de pensées précises. On ne peut pas dire qu'il ne pense à rien, mais à rien de spécial.

Il observe les autres passagers. La jeune femme qui s'installe face à lui pendant la première heure et qui semble sur le point de fondre en larmes à plusieurs reprises.

Il a envie de lui demander ce qui ne va pas. S'il y a quelque chose qu'il peut faire pour elle. Mais il décide de se taire. Comment pourrait-il aider qui que ce soit alors qu'il n'est pas en mesure de s'aider lui-même ?

De nombreuses personnes sont en train de lire -romans, essais, journaux- il est impossible de savoir et Samuel regrette un peu l'époque où l'on pouvait savoir ce qu'une personne lisait en regardant la couverture de son livre, magazine, etc.

Là, il ne peut voir que le logo de la marque de leurs tablettes.

Il y a un certain nombre de tablettes Apple, à croire que cette marque existerait pour toujours.

Il descend du train à Toulon et se fait accueillir par une vague de chaleur. Il se laisse guider par les différents panneaux pour rejoindre le Quai 26 depuis lequel part son train pour Nice. Le départ est affiché pour dans douze minutes et il s'arrête pendant quelques instants face à une petite boutique qui vend des sandwichs et des viennoiseries.

Il était une fois, les gares avaient toutes un espace où l'on vendait des magazines et des journaux. Ce n'était bien évidemment plus le cas depuis que la lecture de la presse sur tablette s'était imposée. De mémoire, cela s'était accéléré avant 2050, quand les problèmes de distribution accompagnés du coût de la vente papier avaient rendu l'exercice trop périlleux.

Il achète un sandwich aux légumes grillés et à la mozzarella de Buffala qui porte le symbole assurant la provenance locale de l'ensemble des ingrédients.

Il va rejoindre son train et sa place avant de déguster son repas tout en regardant par la fenêtre.

La France est un beau pays. Elizabeth avait bien choisi en les guidant vers ce pays de résidence.

Il sort son téléphone pour découvrir trois appels en absence. C'était Alexia, sa petite-petite-fille et aussi mère de Noah, le petit-petit-petit-enfant qu'il affectionne tant.

Samuel écoute le message sur son répondeur :

— Bonjour ! Je m'inquiète probablement pour rien, mais je suis passée pour te rendre visite ce matin et j'ai trouvé l'ensemble des volets fermés. Où es-tu ? Est-ce que tu vas bien ? Rappelle-moi dès que possible.

Il va donc sur l'espace entre les deux wagons pour appeler. Alexia répond au bout de la deuxième sonnerie :

— Allô ? Tout va bien ?

— Oui, oui, tout va bien Alexia ! Je suis parti me faire un petit voyage dans le sud de la France, annonce-t-il sans savoir dans quelle mesure il doit aller plus loin.

— Ah tant mieux, contente d'entendre que tout va bien ! Tu sais quand tu vas revenir ?

Sa gorge se serre à cet instant : il va devoir mentir.

— Je n'en sais trop rien… probablement d'ici le début de la semaine prochaine. Je te dis quand je sais ?

— OK, très bien ! Je ne te dérange pas plus longtemps… on essaye de déjeuner ensemble la semaine prochaine ?

— Faisons cela oui ! Je dois te laisser, mais je te dis à très vite !

Il raccroche et se frotte les yeux. Il n'aime pas mentir… mais il n'a pas la moindre idée de comment débuter une conversation dont le message clef serait : je ne sais pas si je reviendrai un jour.

Samuel arrive à Nice peu de temps après et il est notifié alors qu'il descend du train que son véhicule autonome l'attend à deux minutes à pied.

Il y va sans se presser, tenant la poignée d'une valise dans chaque main.

La voiture est un vieux modèle qu'il n'a plus vu depuis des décennies, une Eeyou rouge à la peinture écaillée. Il s'installe sur le fauteuil dont les coussins semblent en meilleur état et appuie sur le bouton de fermeture de la porte. Rien ne se passe et il décide alors de le faire manuellement. Il se rappelle maintenant que c'était la faiblesse des Eeyou en vieillissant.

Les routes sont les mêmes que depuis le précédent millénaire. Il longe pendant un moment le Var, le grand fleuve de la région avant d'emprunter la M2205. Rien ne semble avoir changé dans la région depuis sa jeunesse.

Quand il arrive aux abords de Roubion, le village semble être à flanc de falaise, comme ces anciens hameaux médiévaux qu'il avait visités avec ses parents il y a si longtemps.

Il ne sera pas surpris d'apprendre le lendemain que l'on trouve des mentions de ce village depuis l'an de grâce 1067.

Son véhicule suit à la perfection la courbe des routes qui serpentent à flanc de montagne.

Il peut voir sur l'écran du tableau de bord le drapeau symbolisant l'emplacement de sa destination se rapprocher. Il s'agit d'une auberge qui compte huit chambres et une grande salle commune qui fait office de restaurant le midi et le soir, mais aussi de salle des fêtes où d'innombrables mariages et anniversaires ont eu lieu. C'est aussi l'espace que la mairie réquisitionne lorsqu'elle veut organiser un moment d'échange avec les citoyens du village. C'est arrivé seulement quatre fois sur les deux derniers siècles : seulement pour des sujets de la plus haute importance, généralement liés à la préservation de cet environnement exceptionnel qui avait vu grandir des générations de roubionnais. Samuel Davis a pu visionner des photographies de l'auberge lorsqu'il a réservé sa chambre. Il ne s'est pourtant pas rendu compte combien celle-ci est rustique.

Il hésite avant de prononcer ce terme pour décrire son ressenti. Le mot « rustique » garde encore une connotation négative pour de nombreuses personnes. Par définition, quelque chose de rustique renvoie au monde rural, à la campagne et aux campagnards. Ce qui était devenu une insulte pendant sa jeunesse.

Ce n'est pas le cas pour lui. Dans la Nature, quand l'on parle de la rusticité d'une plante ou d'un animal, on désigne sa capacité à supporter des conditions de vie difficiles. Être rustique est donc une force…

Ce qui est rustique n'est pas moderne… et c'est tant mieux, parce que les objets modernes ont prouvé leur fragilité, la volonté d'un monde jetable, où le confort supplante la durabilité.

Quand il entre dans l'auberge, il trouve la salle complètement vide. Une odeur de nourriture flotte dans l'air. Il entend du bruit dans la cuisine. Une casserole que l'on pose, une cuillère en bois que l'on lance sur un plan de travail, une légère toux pour s'éclaircir la voix.

— Bienvenue ! tonne une voix grave et accueillante.

— Bonjour, répond Samuel.

— Vous venez pour boire un verre ou pour dîner ? Parce que vous êtes un peu en avance pour le dîner. Il ne sera prêt que dans une heure.

— J'ai réservé une chambre.

— Ah oui ! Monsieur Davis, enchanté ! Je suis Harold Dimitriu.

— Enchanté.

— Donnez-moi vos valises, je vais vous conduire jusqu'à votre chambre.

Samuel Davis acquiesce d'un sourire en lui tendant ses deux bagages.

— Vous êtes en vacances ?

— Hum… pas exactement.

Encore une fois, il a une brève hésitation avant de répondre. Doit-il dire la vérité sans détour ? Il se décide pourtant rapidement :

— J'ai entendu parler d'un lieu nommé le Refuge qui serait proche d'ici.

Le propriétaire de l'auberge semble circonspect :

— Il y a bien un refuge un peu plus haut, du côté du col de la Couillole…

Les espoirs de Samuel grimpent en flèche avant de redescendre aussitôt quand il entend la fin de sa phrase :

— Mais ce n'est qu'une vieille cabane abandonnée que les randonneurs utilisaient auparavant comme point d'étape.

Il secoue la tête de droite à gauche :

— Je ne pense pas que ce soit ce genre de refuge que je recherche. Il s'agit plus d'une petite cité à l'écart… peut-être une communauté qui s'est installée il y a peu de temps.

— Ça ne me dit rien. Mais je me renseignerai si vous voulez.

— Je veux bien.

Ils arrivent devant une porte que le dénommé Harold déverrouille avec une imposante clef métallique. Il n'en avait plus vu depuis les années 2050. Il insère la tige dans la serrure et l'on peut entendre un cliquetis lorsque le pêne est actionné.

La porte s'ouvre, découvrant une chambre où le sol, les murs et les meubles sont tout en bois… probablement issu de chênes et de pins qui ont grandi et été abattus à quelques kilomètres de là.

Un épais tapis blanc se trouve devant le lit, et plusieurs cadres égayent la pièce avec des couleurs vives. Ce sont des points de croix représentant des fleurs de montagnes et des oiseaux de la région.

Harold pénètre dans la chambre à sa suite pour venir déposer les valises à côté du lit.

— Vous vous joindrez à nous pour le repas de ce soir ?

Samuel hésite un instant. Il découvre une aversion pour cette idée et il en comprend soudainement l'origine. Entre la Gare de Lyon et les trains successifs, il a croisé le chemin de plus de monde pendant cette journée que pendant les trois dernières années. Il a besoin de se retrouver un peu seul.

— Je ne pense pas non.

— Je peux vous faire apporter un plateau-repas si vous le souhaitez.

— Ce serait parfait !

Le propriétaire de l'auberge se retire enfin, laissant Samuel s'asseoir sur un fauteuil usé.

À portée de main, quelques livres s'empilent sur une étagère. Le plus volumineux s'intitule L'Arbre-Monde d'un certain Richard Powers. Le titre l'intrigue et il décide d'en lire la première page. Dès les premiers mots, il y a quelque chose qui lui donne envie de poursuivre. Il va à la dernière page pour apprendre que l'ouvrage fait plus de cinq cents pages. Vivra-t-il assez longtemps pour en terminer la lecture ? Il n'en sait rien, mais choisit de se plonger profondément dans cette histoire.

Une cinquantaine de pages plus tard, une main hésitante frappe à la porte. Il regarde l'heure pour découvrir qu'il est déjà vingt heures trente.

— Entrez ! lâche-t-il d'une voix étouffée.

Il tousse pour retrouver le plein usage de ses cordes vocales.

Un plateau fumant précède une jeune femme au sourire discret. Samuel se fait la réflexion qu'il désigne comme étant une jeune femme ou un jeune homme, toute personne qui a moins de cinquante ans. Définitivement pas « jeune » d'après la plupart des critères.

Il découvre une assiette de lentilles vertes aux poireaux et tofu fumé, accompagnée d'une large tranche de pain déjà beurrée.

Il se rend compte avoir très faim… même s'il n'en a pas été conscient, perdu dans la lecture de cet Arbre-Monde.

Il remercie la « jeune » femme avant de se replonger dans son livre, tout en avalant son repas distraitement.

La nourriture est bonne, simple, mais très parfumée. Le pain a le goût de celui qu'il mangeait pendant les grandes vacances chez ses grands-parents.

Samuel va continuer à lire pendant toute la soirée, se rappelant combien il s'agit d'un autre plaisir qu'il avait oublié après celui d'écouter de la musique.

Pourquoi a-t-il arrêté d'ailleurs ? Est-ce parce qu'il avait peur de perdre de son précieux temps ? Il n'en a aucune idée.

Après avoir terminé son assiette, il a poursuivi sa lecture depuis le lit... jusqu'à ce que ses yeux se ferment tout seuls et que le livre lui tombe des mains pour reposer sur sa poitrine.

Chapitre 12
209 ans et 10 jours

Quand il s'éveille le lendemain matin, il découvre que l'Arbre-Monde a dégringolé du lit pour venir se reposer face contre terre sur le sol de la chambre.

Son plateau-repas est toujours posé sur le petit bureau près de la fenêtre et une odeur de nourriture flotte encore dans la pièce.

Il a faim.

Samuel prend tout de même le temps de se doucher rapidement et de se vêtir avec des habits frais avant de descendre. Cela ne lui viendrait pas à l'idée d'aller manger son petit déjeuner dans la salle commune sans être passé par la case salle de bain.

Au moment de sortir de sa chambre, il décide au dernier instant d'aller chercher son plateau pour le remettre au personnel de l'auberge. Ils apprécieraient certainement qu'on leur rende la vie un peu plus facile.

Quand il arrive au niveau des escaliers, il a une vue plongeante sur la salle et peut voir que deux tables sont occupées. Un vieux couple à la première et un jeune couple à la deuxième.

Le jeune couple rayonne d'un sourire complice. Lui a les mains toujours actives, beurrant une tartine, croquant dans son pain, avalant une bouchée d'omelette, mangeant en continu. Elle semble déjà repue, elle tient une grande tasse de café des deux mains et boit de temps à autre, ses cheveux sont encore mouillés de la douche dont elle vient de sortir.

Il n'est pas difficile pour Samuel de deviner que ces deux jeunes gens sont les propriétaires des voix qu'il a entendus la veille au soir alors qu'il était plongé dans sa lecture. Des « oh » et des « ah » réguliers et longs qui ponctuaient leurs ébats amoureux.

— Pas étonnant qu'ils aient l'air autant de bonne humeur, se fait-il la réflexion.

Mais ce qu'il ne remarque pas, c'est que lui aussi est de très bonne humeur.

Le vieux couple, lui, n'a certainement pas eu la même soirée que le jeune. Ils doivent friser les 90 ans et ils n'ont visiblement pas opté pour l'augmentation de leurs corps. Leurs peaux sont constellées de rides et de tâches. Samuel n'a jamais aimé la vue des rides… parce qu'étrangement, cela lui rappelle son âge alors qu'il a tout fait pour le dissimuler. Mais aujourd'hui, ce sentiment a disparu quand il observe ce couple.

Ils mangent lentement et se regardent parfois, et leurs yeux sont doux.

Sa tasse de thé est vide depuis quelques secondes. Lui s'en rend compte et va la remplir sans un mot. Elle pose alors sa main sur la sienne et lui sourit.

Samuel Davis s'installe non loin d'eux avant de découvrir la grande table avec le buffet du petit déjeuner dressé dans un coin. Depuis quelques jours, le temps semble ralenti. Son esprit est beaucoup moins parasité par ses questionnements sur l'avenir et il a passé plus de temps à penser au passé… et surtout à profiter du moment présent.

C'est peut-être ce qui arrive quand on a conscience d'avoir plus de souvenirs que d'avenir.

Samuel se lève et va se servir une belle tasse de chocolat chaud,
comme celui que lui préparait sa maman quand il était petit. Il a
également attrapé un pain au chocolat et un croissant, le petit
déjeuner qu'Elizabeth adorait prendre pour les matins paresseux de
week-end.

Il s'est aussi servi un jus d'orange frais, une boisson que lui
préparait son père quand il était petit et qu'il détestait. Il a appris à
apprécier l'acidité des oranges avec le temps.

Harold Dimitriu, le propriétaire de l'hôtel, s'approche de lui alors
qu'il termine de manger sa deuxième viennoiserie. Il lui dit :

— J'ai posé la question autour de moi concernant le Refuge… et
ma femme a pensé à la communauté qui s'est installée tout au bout
de Roubion dans un grand corps de ferme qui avait été abandonné
pendant une petite décennie. Cela pourrait être ce que vous
recherchez.

Samuel le remercie avant de lui demander de lui tracer un plan sur
une feuille de papier qu'il a pris avec lui. Il n'a aucune envie de se
perdre.

Il termina son petit déjeuner en prenant bien moins son temps
qu'avant l'interruption du propriétaire.

Il se lève ensuite et sort de l'auberge en regardant son plan pour se
repérer. Il se dirige vers la gauche d'un pas rapide, pressé de
rejoindre le Refuge pour découvrir en quoi celui-ci peut l'aider.

Le village semble encore endormi, de nombreux volets sont fermés
et il ne sait pas si c'est le signe d'une grasse matinée ou de maisons
abandonnées. Dans un cas comme dans l'autre, il n'aurait pas été
surpris.

Il tourne sur la droite au premier embranchement avant de marcher jusqu'au bout de cette petite rue qui se présente à lui.

Le portail du corps de ferme qui se dresse face à lui est ouvert, mais aucune sonnette n'est visible.

Il se décide rapidement à entrer à l'intérieur pour trouver quelqu'un qui saura le renseigner.

Il traverse la cour, et s'apprête à entrer par la plus grande porte quand une voix féminine se fait entendre derrière lui :

— Je peux vous aider ?

Il s'agit d'une femme d'une trentaine d'années, enceinte d'au moins six mois.

— Je… je cherche une communauté qui se fait appeler le Refuge.

— Cela ne me dit rien. On vous a dit que c'était ici ?

— Euh non… quelqu'un à l'auberge se demandait si ce n'était pas ici.

— Qu'est-ce qu'il a de particulier ce refuge ?

— Hum… il hésite, réfléchit puis décide de lui partager la vérité. Il s'agit apparemment d'une cité où ma mort ne serait plus un problème.

Elle acquiesce avec un sourire :

— La promesse est séduisante… mais ce n'est pas ici.

— Vous savez pourquoi ils ont pu penser que cette communauté se trouvait ici ?

— Nous vivons à vingt-sept dans cette ferme. Entre les arrière-grands-parents, les grands-parents, les parents, les enfants, les petits-enfants, les arrière-petits-enfants. Nous avons fait le choix de tous vivre en communauté. Cela nous permet d'économiser grandement sur les frais de logement… et de nous faciliter la vie avec la garde et l'éducation des enfants. Tout est plus simple avec la famille sous la main.

Samuel se rappelle aussitôt leur empressement avec Elizabeth à s'éloigner de leurs beaux-parents un peu trop envahissants.

Mais cela lui fait aussi penser à un voyage qu'ils avaient fait en Amazonie. Ils avaient laissé les enfants à leurs grands-parents pour deux semaines. C'était la première, et très certainement la dernière fois, qu'ils allaient accepter de passer des vacances loin d'eux. Cela leur avait fait un bien fou de se retrouver rien qu'à deux… mais Amelia, Isaac et Annabel leur avaient tant manqué.

À l'époque, Elizabeth Perseo avait déjà une entreprise florissante et son salaire lui avait permis de financer ce voyage sans regarder aux économies. Elle avait rêvé d'Amazonie toute son enfance et elle comptait bien vivre un séjour à la hauteur de ses rêves.

Parmi leurs guides se trouvait un ethnologue réputé qui avait vécu plusieurs années au contact des peuples primaires pour écrire ses livres.

Elizabeth était fascinée par ces peuples qui n'avaient pas été rattrapés par la civilisation moderne et qui continuaient de vivre comme il y a plusieurs millénaires. Il s'agissait de sauvages d'après tous les critères de notre époque… sauf quand vous preniez le temps de les comprendre jusqu'à percevoir le fait que c'est bel et bien nous qui sommes les sauvages.

Les Zoaria vivaient en communion avec la Nature. Ils ne faisaient qu'un avec elle. Ils la comprenaient et la Nature les comprenait en retour. Sinon comment expliquer que celle-ci leur donne tout ce dont ils avaient besoin tout au long de l'année ?

Les arbres leur offraient des fruits sucrés et des légumes riches en vitamines, mais également un abri pendant la pluie, une cachette des prédateurs éventuels…

Les Zoaria chassaient et pêchaient pendant la journée, puis ils se retrouvaient à la nuit tombée pour partager toute la soirée ensemble, à se raconter des mythes plus anciens que le fleuve depuis lequel ils s'abreuvaient.

La Nature est en vie. C'était leur conviction la plus profonde. Et si vous étiez respectueux de la Terre, elle prendrait soin de vous en retour. Les Zoaria avaient entendu parler de ce que les Occidentaux appelaient « réchauffement climatique » et ils haussaient simplement les épaules avec un sourire pincé aux lèvres. Leur pensée pouvait se résumer en quelques mots que l'un d'eux avait prononcé le deuxième jour :

— Non, mais vous avez vu comment vous traitez la Nature ? Comment pouvez-vous être surpris qu'elle vous rende la vie impossible en retour ?

Si vous violez une femme Zoaria, celle-ci a parfaitement le droit de vous planter une machette dans le crâne, sans autre forme de procès. Personne n'aura du ressentiment pour elle, pas même la mère ou la femme du mort. Le violeur savait à quoi s'attendre. Une société qui viole sans arrêt la Nature doit s'attendre à prendre des coups de machette dans le crâne jusqu'à ce qu'elle arrête ses méfaits.

Elizabeth avait tenu à passer plusieurs jours en leur compagnie. Elle avait toujours cherché à se reconnecter avec la Nature, et ce peuple semblait en être la confidente.

Et jamais elle ne s'était sentie plus détachée de toutes
préoccupations occidentales que pendant ces trois journées.
Ce séjour en pleine jungle tropicale garderait une dimension
onirique dans ses souvenirs. Il y avait quelque chose de surréaliste
dans tout ce qui les entourait. Elle n'avait jamais vu d'oiseaux
aussi colorés, de végétation aussi dense, d'arbres aussi
monumentaux. Elle aurait pu le jurer : la forêt respirait tout autour
d'elle. Les feuilles se gonflaient d'air avant de revenir dans leur
position initiale. Ce n'était pas étonnant que ces peuples aient
incarné la Nature comme un être vivant, avec des bras, des jambes,
des poumons, un visage.
Elizabeth Perseo surprenait Samuel sans cesse avec un sourire sur
le visage. Toutes les sources de tensions semblaient évanouies.
La nuit tombée, les troncs paraissaient être les flèches de milliers
de cathédrales qui se seraient rassemblées autour d'un ciel aux
étoiles trop nombreuses.
S'ils avaient eu l'impression d'en voir beaucoup au Parc de
Yellowstone, ce n'était rien en comparaison à leurs soirées
amazoniennes.
C'était comme d'observer une reproduction grandeur nature de la
Nuit étoilée de Vincent Van Gogh.
Samuel s'était endormi en écoutant l'un des hommes les plus âgés
de la tribu raconter comment son grand-père avait été le premier
des Zoaria à rencontrer des hommes blancs. Ils ne le diraient
jamais, mais il était facile de deviner qu'il regrettait que ce jour
soit arrivé.
Pendant la nuit, Samuel avait enchaîné les rêves, les uns après les
autres, comme des perles sur un collier. Dans son dernier rêve, il se

trouvait en plein Manhattan, à Times Square et ses publicités lumineuses sans fin… l'antithèse parfaite de sa soirée au milieu de la jungle. Il traversait la route. Un son très lointain lui parvenait. Un bip bip constant. Il regardait un grand panneau indiquer le retour d'une comédie musicale dont il ne connaissait pas le nom : Hanouman.

Le bruit était plus fort maintenant… il s'agissait d'un klaxon. Probablement le son le plus commun à New York. Il entend aussi le son de la voix d'Annabel Perseo, leur plus jeune, qui crie. Il se retourne et voit un taxi foncer dans sa direction. C'est la source du klaxon. Et si Samuel a l'impression de l'entendre retentir depuis déjà plusieurs minutes… on dirait que le conducteur ne peut pas éviter de le faucher. Il sent le contact du pare-chocs contre ses tibias et il s'éveille dans un autre genre de tumulte. Pas de pare-chocs sur son tibia, mais la main d'Elizabeth qui lui crie de se réveiller.

Un léopard affamé vient d'attaquer les Zoaria.

En levant les yeux vers la plus grande source de bruit, il peut voir une immense forme féline tachetée sauter vers la gorge d'un homme d'une trentaine d'années.

Un bruit se fait entendre. Un « fuuu » sonore immédiatement suivi par le rugissement plaintif de l'animal.

Il faut quelques secondes à Samuel pour comprendre que l'un des Zoaria a utilisé une sarbacane pour propulser une flèche pour neutraliser le léopard.

La substance qui enduit la flèche devait être puissante puisque le félin semble se liquéfier dans les bras de son opposant. Celui-ci le retient et le prend dans ses bras comme s'il s'agissait d'un gros chaton à qui il faisait un câlin.

— Il… il… il est… l'ethnologue n'arrive pas à parler.

Leur traducteur comprend sa question sans avoir besoin de l'entendre et il répond d'un seul mot :

— Endormi.

L'homme s'éloigne alors avec l'animal dans les bras et une grande partie de la tribu le suit.

Elizabeth regarde Samuel et il saisit immédiatement qu'elle a une envie irrépressible de les accompagner. Ils marchent dans la forêt plongée dans l'obscurité.

Ils marchent pendant plus d'une demi-heure dans ce paysage incroyable, se glissant entre les troncs d'arbres pour avancer à la lumière de la lune et des étoiles.

Elizabeth réussit à rattraper l'homme tenant le léopard. Elle est frappée par l'odeur de l'animal : une odeur fortement marquée, mais pas si différente que celle du chat de sa tante quand elle était petite. Un félin reste un félin… et dans la grande continuité du vivant, ce léopard ne peut pas cacher sa filiation avec un chat de gouttière peureux.

À un moment, les membres de la tribu échangent des regards dans un conciliabule silencieux. Ils s'accordent sur le fait qu'ils sont assez loin maintenant.

L'homme dépose l'animal délicatement sur le sol avant de l'embrasser sur le crâne, exactement entre ses deux yeux.

Les Zoaria se succèdent ensuite rapidement pour lui toucher la patte ou l'abdomen et ils prononcent quelques mots. Ils semblent lui dire « au revoir ».

Elizabeth ne fera jamais partie de cette tribu, mais elle ressent
également le besoin de lui présenter ses adieux.

Elle le caresse alors à l'emplacement du baiser que lui a donné
l'homme qui l'a porté. Elle sourit et se retourne.

Samuel, qui a encore régulièrement des rêves du molosse de son
enfance, décide de passer son tour et il vient à la hauteur
d'Elizabeth.

— Pourquoi ne l'ont-ils pas tué ?

Elizabeth n'a aucune hésitation :

— Parce qu'il n'avait rien fait de mal. Nous devions être sur son
territoire. Peut-être que sa famille était à proximité, et il a décidé
d'attaquer pour protéger ceux qu'il aime.

Ils s'étaient ensuite tenu la main pour rentrer à leur campement. Et
comme pour donner raison à Elizabeth, le traducteur leur fit signe
de récupérer leurs affaires :

— Nous partons d'ici. Nous sommes chez lui.

L'homme qui s'adapte pour laisser de la place à l'animal… voilà
un comportement qu'il n'avait jamais observé de sa vie.

Pendant qu'ils marchaient en procession vers le sud, l'ethnologue
leur raconta l'histoire de cette tribu, où tous les membres sont
d'une même famille, des oncles, des tantes, des grands-parents, des
cousins, des frères…

L'idée ne leur viendrait jamais de partir fonder leur famille ailleurs
qu'avec leur tribu. Pourquoi quitter les personnes avec qui vous
avez passé toute votre vie ? Pourquoi prendre le risque de perdre
tout équilibre établi pendant l'intégralité de votre vie ?

La tribu grandissait ainsi au fur et à mesure des mariages. Les époux et épouses venaient généralement d'autres tribus rencontrées au fil de leur vie nomade.

Vous étiez constamment entourés des gens qui vous aiment et ils vous aidaient tout au long de la vie dans chacune des difficultés de l'existence.

Samuel était bousculé dans ses certitudes. Il n'avait jamais questionné la culture qui régissait l'intégralité de son existence. Pourtant, face à la simplicité apparente de la vie des Zoaria, il ne pouvait que s'interroger sur sa propre conception de la famille.

Il visualisait encore parfaitement le jour précis où il avait quitté le foyer de ses parents. Il s'agissait d'une sorte de l'équivalent occidental d'un rite initiatique ancestral. Par ce geste de quitter le nid, il allait devenir adulte. Il allait tourner le dos à une vingtaine d'années d'amour et de dépendance pour sauter à pieds joints en dehors de l'enfance.

Soudainement, comme pour prouver qu'il n'avait besoin de personne d'autre, il allait cuisiner, faire sa lessive, nettoyer son appartement… En bref, être une grande personne.

Les rites initiatiques étaient nombreux chez les Zoaria, mais celui-là n'existait pas chez eux. Les adolescents devaient démontrer leur valeur lors d'une série de défis qui leur donnait le statut d'adulte, mais ils restaient ensuite auprès de leurs parents, grands-parents et arrière-grands-parents.

Les Zoaria prenaient soin des leurs… ils ne les parachutaient pas dans des maisons de retraite. Ils vivaient ensemble.

Samuel s'était remémoré ces vacances en s'éloignant de la ferme où une famille roubionnaise avait élu domicile.

Et s'ils avaient tout compris ? Qu'est-ce qui obligeait chaque enfant à vouloir fonder sa famille dans une autre ville que ses parents ? Était-ce une forme d'égoïsme ? Le besoin primaire d'expérimenter la propriété ? C'est mon appartement ! C'est ma maison ! Un besoin qui était aussi très en phase avec les valeurs du capitalisme.

Il soupire.

Il se surprend encore une fois à penser de manière extensive au passé. Et il commence à comprendre pourquoi : il est arrivé à un moment de sa vie où il a conscience d'avoir plus de souvenirs que d'avenir.

Par conséquent, le présent et le futur n'occupent qu'une place limitée dans ses pensées, tant ceux-ci ne représentent que peau de chagrin en comparaison de l'étendue de sa vie.

L'esprit de Samuel retourne à cette conversation qu'il a eue lors de son 208e anniversaire. C'était Alexia qui lui avait exposé la difficulté de son foyer à payer les factures. Elle avait émis l'idée de vivre ensemble au manoir et il avait immédiatement repoussé l'idée sans même y réfléchir. C'était impensable… même s'il ne savait pas très bien pourquoi c'était « impensable ». Peut-être justement parce que le mot signifiait qu'il n'était pas en mesure de le concevoir.

C'était pourtant une excellente idée. Et aujourd'hui, il regrettait de ne pas y avoir accédé. Si jamais il devait vivre… il reviendrait vers Alexia pour savoir si sa demande était toujours d'actualité.

Samuel Davis est encore plongé dans ses pensées quand il pénètre dans une petite épicerie. Il a uniquement l'intention d'acheter

quelques provisions pour son repas du midi quand il décide de
questionner le propriétaire de la boutique.

— Par hasard, vous n'auriez pas entendu parler d'une communauté
appelée le Refuge ?

L'homme derrière la caisse, la quarantaine et une barbe blonde
bien taillée, le jauge du regard :

— Vous venez de là-haut, c'est ça ?

— Comment ça ?

— Vous avez la même allure que les membres du Refuge qui sont
déjà venus ici…

Samuel est surpris d'avoir enfin trouvé quelqu'un qui semble
posséder des informations sur celui-ci. Il n'a pas le temps de dire
quoi que ce soit, que le propriétaire reprend :

— Je ne me trompe pas hein ? Vous venez bien de là-haut ?

Samuel arrive à retrouver le fil de ses pensées.

— À vrai dire non… mais je dois m'y rendre. Vous pourriez
m'indiquer le chemin ?

L'homme semble hésiter, mais il n'a pas grand-chose à perdre en
partageant cette information.

— Ils ne m'ont rien dit… mais je les ai vus une fois au niveau de la
chapelle Saint-Sébastien. Vous voyez où c'est ?

— Non, répond-il, mais je vais trouver.

— Eh bien ils avaient quitté la route à la chapelle et se dirigeaient
vers le sud-est.

— Merci ! lance-t-il avant de ranger ses provisions dans son sac à
dos.

Il demande alors à son téléphone de lui indiquer l'emplacement de
la chapelle Saint-Sébastien et il se dirige dans cette direction.

Il arrive sur place une vingtaine de minutes plus tard, mais se trouve déconcerté par ce qu'il voit. Il semble n'y avoir aucune chapelle, seulement un minuscule bâtiment qui aurait pu se trouver dans un corps de ferme. Il comprendra pourtant bientôt qu'il s'agit de la chapelle et il découvre les fresques de 1513 sur l'ensemble des murs et plafond de celle-ci.

Il ne s'y attarde pas et cherche immédiatement le sud-est pour aller dans cette direction.

Samuel marche tout d'abord avec un pas décidé, mais il ressent rapidement le besoin de ralentir l'allure. Il contemple le paysage qui s'étend à perte de vue autour de lui. Il suit du regard un rapace qui plane vers la vallée. Il attrape sa gourde pour prendre une gorgée d'eau.

Il sait pertinemment pourquoi il n'est soudainement plus aussi pressé d'atteindre le Refuge. Il a peur. Peur de ce qu'il va découvrir là-bas. Il n'a pas envie d'être déçu en découvrant que toute cette histoire est une arnaque. Tant qu'il n'y a pas mis les pieds, il peut encore nourrir l'espoir de trouver une solution à tous ses problèmes.

Et puis c'est tellement beau ici. Pourquoi se presserait-il alors qu'il est en pleine nature ? Un endroit où tout semble vous dire de ralentir.

Il choisit donc de passer une partie de l'après-midi à contempler la faune et la flore. Il s'arrête parfois pour ressortir le livre qu'il a commencé à l'hôtel et qu'il a glissé dans son sac d'un geste automatique.

La nuit est tombante quand il se décide à chercher un espace où dormir à la belle étoile. Voilà une expérience qu'il n'a plus faite depuis trop longtemps… et chaque être humain devrait pourtant se reconnecter à soi et à l'univers en venant se coucher à même le sol au milieu des arbres, avant de fixer les étoiles avant de s'endormir.

Avant cela, Samuel s'est préparé un repas avec les quelques provisions dénichées dans l'épicerie du village. Du pain, du fromage et une pêche. C'est de la nourriture simple, mais il n'aurait désiré manger rien d'autre à cet instant précis.

Il s'est ensuite installé pour sa nuit, persuadé qu'il allait lutter pour trouver le sommeil. Il ferme les yeux et s'endort peu de temps après.

Chapitre 13
209 ans et 11 jours

Dès son réveil, Samuel Davis est marqué par la fraîcheur du vent qui caresse la peau de son visage. Il entend le bruissement des arbres qui balayent le ciel de leurs cimes. Les oiseaux chantent gaiement. L'humus sous lui a cette odeur caractéristique de terre, de feuilles en décomposition et de champignons. Il apprécie instantanément ce réveil jusqu'à ce qu'il bouge sa tête et ressente une violente douleur dans son dos et sa colonne vertébrale.

— Je suis trop vieux pour ces conneries, se fait-il la réflexion en réutilisant les mots d'un film qu'il avait vu quand il était petit, même s'il était incapable de s'en rappeler le nom.

Samuel ouvre les yeux et découvre que le jour ne s'est pas encore levé. L'aube n'est plus très loin et une clarté blanchâtre se devine vaguement à l'horizon.

Il se relève difficilement et s'étire en entendant son dos craquer à plusieurs reprises.

Il commence par soulager sa vessie contre un arbre, une main posée fermement sur l'écorce pour l'empêcher de tomber.

Il referme son pantalon et se dirige vers son sac à dos. Il a faim même s'il sait ne pas avoir empaqueté ce qu'il souhaiterait manger à l'intérieur.

Pendant un moment, Samuel regrette amèrement l'hôtel où le confort du lit et la qualité du petit déjeuner auraient totalement modifié sa matinée.

Il voit pourtant bientôt un écureuil détaler en le voyant pour grimper à un arbre et se transformer en un éclair roux serpentant sur le tronc.

De quoi se plaint-il ? Il a connu suffisamment de nuits douillettes pour accepter les petits inconforts qui lui ont offert une soirée et une matinée en pleine nature.

Il mange donc le pain et la pêche qu'il n'avait pas avalés la veille et se décide à poursuivre sa route.

Le soleil se lève déjà à l'horizon. Quand a-t-il assisté à un lever de soleil pour la dernière fois ? Il a l'impression que cela fait un siècle… et c'est peut-être bien le cas.

Samuel engrange le maximum de détails : la rosée sur les plantes, le très léger voile de brume qui flotte pendant quelques instants autour de lui, les animaux qui s'éveillent à son passage.

C'est à ce moment-là qu'il aperçoit un nuage de fumée longiligne s'étirer vers le ciel droit devant lui. C'est un feu. Mais pas un feu de forêt. Le genre de feu de camp que l'on met en place pour faire chauffer son café au petit matin.

Samuel en salive d'avance.

Il suit donc la direction de la fumée puisqu'il a la certitude que cela le mènera au Refuge.

Il s'étire tout en marchant, soulageant ses muscles endoloris.

Le nuage de fumée semble déjà plus proche. Il est en mesure de deviner un campement autour de celui-ci.

Puis il découvre des cabanes construites à la fois dans les arbres et au sol. Il ne faut pas plus de quelques instants pour se rendre compte qu'elles ont été confectionnées par des professionnels. Ce n'est pas le travail d'ermites avec trois clous et des bouts de bois. C'est un véritable village qui épouse la Nature au plus près.

Cette vision lui fait repenser à un documentaire qui racontait l'histoire d'une communauté ayant décidé de retourner à la Nature, d'assumer le fait que l'Homme n'était qu'une facette du monde vivant, et qu'il ne possédait pas plus de droits de propriété sur la Terre. Jusque là, Samuel avait été en parfait accord avec leur philosophie. Mais cette communauté avait banni l'usage des vêtements : expliquant qu'il s'agissait d'une négation de leur animalité qui empêchait le lien à la Nature. Et le fait de voir cette belle utopie ressembler à un camp de nudistes avait fait beaucoup de tort à leurs idéaux. Ceux-ci se retrouvaient résumés dans la tête des gens étant comme « ces babacools à poil qui vivent dans la forêt ».

À la grande satisfaction de Samuel, les premières personnes qu'il aperçoit au loin portent des vêtements. Il remarque aussitôt que ce sont des habits très simples, faits pour être confortables et pour durer plus que pour leurs valeurs esthétiques.

Il commence alors à attirer les regards. Il voit deux enfants qui arrêtent aussitôt leurs jeux pour courir dans la direction opposée. Ils vont chercher des adultes, c'est une évidence.

Un couple sort d'une cabane avec un air soucieux.

— Qui êtes-vous ? lui lance l'homme alors qu'il est encore à dix mètres de là.

— Je… J'ai entendu parler du Refuge. Et je voulais savoir si vous pouviez m'aider.

— Comment ? questionne la femme.

Il hésite un instant, leur laissant le temps de se rapprocher de quelques mètres puisqu'il n'a pas envie de forcer sur sa voix pour dire :

— Je vais mourir.

— Comme nous tous, acquiesce l'homme en souriant.

Elle lui tend la main et Samuel la serre avec circonspection. Il fait de même avec l'homme qui lui demande :

— Qu'avez-vous entendu dire du Refuge ?

— Hum.

Cette fois, Samuel reste silencieux plus longtemps. Il a comme peur de répondre. De se rendre compte que ce lieu ne peut pas satisfaire ses attentes. Il finit pourtant par articuler les mots qu'il a déjà prononcés plusieurs fois ces derniers jours :

— On dit qu'il s'agit d'une Cité où la mort n'est plus un problème.

— Ah ! lâche seulement la femme comme si on venait de lui poser une colle.

— J'imagine que c'est une façon de voir les choses, dit l'homme.

— On l'emmène à Augustine ? questionne-t-elle.

— C'est la seule chose à faire, non ?

Ils s'accordent sur cette solution avec quelques signes de tête. Samuel observe la scène en silence, attrapant des morceaux d'information sans que cela puisse l'aider véritablement.

— Augustine, répète-t-il dans un souffle.

Ils l'invitent donc à les suivre vers le fond du campement. Il peut ainsi découvrir de grandes zones potagères où de nombreux légumes semblent prêts à être récoltés. Il voit une femme assise sur un tronc d'arbre, occupée à repriser des vêtements avec du fil et une aiguille. Il retrouve les enfants qui se lancent une balle de tennis comme s'ils jouaient au baseball, tout en gardant un œil sur l'étranger qui a fait irruption dans leurs vies.

Samuel s'attend à ce qu'on l'amène à la plus grande cabane, celle qui serait ostensiblement celle du chef de la tribu, mais c'est vers la plus petite qu'ils marchent.

La femme qui en sort a de longs cheveux blancs de la pointe à la racine. Elle donne l'impression d'avoir la cinquantaine, mais les impressions sont maintenant souvent trompeuses.

— Bonjour, lâche-t-elle en s'approchant. Sa voix est accueillante, mais ferme.

— Bonjour, répète Samuel dans un écho.

— Je suis Augustine Dubois. Je vous souhaite la bienvenue au Refuge.

Il se fait la réflexion que le nom « Dubois » semble très bien convenir à une personne vivant dans la forêt. Il se rappelle alors que, à l'origine, les noms de famille étaient descriptifs, mettant en mot la situation de la personne le portant. Du-bois, Du-mont, Des-moulins…

Il se demande si cette Augustine Dubois a adopté ce nom après avoir élu domicile ici. Mais non, quelque chose lui fait dire que ce n'est pas le cas. Il a déjà entendu parler d'une Augustine Dubois… mais c'était de cela il y a très longtemps.

Il essaye d'écumer le fond de ses souvenirs, mais ne revient qu'avec de la vase. Il n'arrive pas à replacer ce patronyme.

Mais il se rend alors compte qu'il a encore laissé un silence trop long s'étirer entre eux, habitude qu'il a de plus de plus.

— Je m'appelle Samuel Davis. Je suis le…

Il allait dire « le mari d'Elizabeth Perseo » puisqu'il s'agissait de la manière dont les gens le remettaient dans l'ordre du monde. Mais Augustine l'interrompt :

— Oh ! Je sais qui vous êtes.

On pourrait s'attendre à ce que de l'animosité accompagne ces mots, ils sont généralement prononcés de cette manière… mais ce n'est pas le cas cette fois. Elle sourit. Elle semble heureuse de le rencontrer.

Samuel considère que c'est le bon moment pour venir éclairer son questionnement intérieur :

— Et j'ai l'impression de vous connaître, mais je n'arrive pas à remettre…

— J'ai écrit des romans… beaucoup de romans. On me connaît surtout pour…

— … les aventures de Camelia Carnel… mais bien sûr ! achève Samuel lorsqu'il réalise enfin où il a vu le nom d'Augustine Dubois.

C'était en grandes lettres dorées sur la couverture de plusieurs livres dans la bibliothèque d'Elizabeth.

Un sourire las passe sur son visage en entendant le nom de son héroïne.

— Venez vous asseoir, lui dit-elle. Est-ce que je peux vous proposer un thé ?

Il fait oui de la tête avant de mettre en mots son assentiment :

— Avec plaisir.

La femme dépose donc une bouilloire sur le feu devant elle et désigne une chaise à Samuel qui s'assoit sans rien dire.

Augustine reste également muette, comme si elle avait besoin que l'eau soit chaude pour démarrer toute nouvelle conversation.

Elle brise enfin son mutisme en leur versant une tasse d'un breuvage aux odeurs de plantes :

— J'imagine que vous devez avoir de nombreuses questions.

— Qu'est-ce que le Refuge ?

C'est comme s'il avait attendu l'autorisation de libérer sa parole et que les mots étaient sortis brusquement à l'instant où il l'avait enfin reçue.

— Ah ça ! s'exclame-t-elle en souriant. J'ai entendu dire que l'on nous avait désignés comme étant la Cité où la mort n'était plus un problème… et si c'est pour cette raison que vous êtes là, j'ai peur que vous soyez déçu.

Et effectivement, les espoirs de Samuel descendent en flèche…

Comme le jour où il s'est rendu à sa compagnie d'assurance le lendemain de ses 209 ans, comme le jour où il s'est rendu à la tour de Perseo Industries pour quémander de l'aide auprès de sa PDG.

Augustine Dubois commence un long monologue entrecoupé de moments où elle avale sa boisson, où elle cherche ses mots, où elle sonde du regard les yeux de Samuel :

— Je ne sais pas si vous savez cela, mais j'avais un frère : Alexandre. Je l'ai retrouvé mort, en pleine décomposition dans l'un de ces appartements capsules où vous ne pouvez pas tendre vos bras dans aucune direction sans toucher un mur. Il vivait dans des conditions misérables… parce qu'il ne voulait pas mourir. Il voulait tellement éviter de mourir qu'il en a oublié de vivre.

Sa voix se brise sur le dernier mot et une larme roule sur sa joue, mais elle se reprend aussitôt :

— Cette phrase, je l'ai prononcée lors de son oraison funèbre et j'ai compris que j'étais comme lui… compris que j'avais fui la réalité pendant toute ma vie. Nous avons cessé de chercher le bonheur… maintenant nous cherchons le mouvement. Le mouvement nous donne le sentiment de vivre, mais ce n'est pas le cas. Nous remplissons nos journées d'activités du lundi au dimanche non-stop : nous travaillons, nous regardons la télévision, nous jouons sur nos téléphones, nous parcourons nos réseaux sociaux… nous remplissons nos esprits de la réflexion des autres pour ne pas avoir à faire face à nos propres pensées.

Nouvelle pause. Elle relève les yeux, mais elle ne le regarde pas, comme si elle fuyait son regard.

— Aucune génération n'a eu autant de temps de loisirs que la nôtre, mais nous avons l'impression de ne plus avoir de temps pour rien. Le fait est que nous n'arrêtons pas une seule minute justement parce que si nous arrêtons un seul instant, nous nous retrouverions face à nos pensées… et peut-être que nous réaliserions que cette existence ne nous rend pas heureux.

Elle avale le restant de sa tasse d'une gorgée en relevant la tête avec une grimace. Le breuvage devait encore être brûlant.

— Notre quête d'immortalité a remplacé notre quête de sens. Tellement que des gens comme mon frère se sont retrouvés à travailler du matin jusqu'au soir dans la seule perspective de se maintenir en vie. Pour le coup, il a accepté de ne plus avoir un moment de temps de loisirs, pour continuer à respirer.

— Mais alors pourquoi l'on dit que le Refuge est une Cité où la mort n'est plus un problème ?

Samuel Davis en avait assez de rester passif pendant ce monologue, il avait besoin de questions claires et directes à ses interrogations.

Augustine hausse les épaules, hésite, puis répond :

— Parce qu'elle n'est plus un problème ! Nous avons accepté son existence comme nous aurions dû le faire depuis le début. Nous cultivons un mode de pensée que nous appelons l'Abandon. Nous abandonnons l'idée de vivre éternellement pour accepter la mort comme une part de la vie. Certains diraient même que c'est la mort qui donne du sens à la vie.

Samuel est agacé par cette réponse. Elle pense probablement avoir répondu quelque chose de profond et d'intelligent, mais cette réponse sonne creux… comme la promesse d'un livre de développement personnel.

Il hésite à se lever pour quitter ce prétendu refuge et ses prétendues promesses. Mais il décide de poursuivre la conversation :

— Mais pourquoi cette vie ? Pourquoi s'installer dans la forêt comme cela ?

Augustine reste alors silencieuse. Plus longtemps qu'elle ne l'a été depuis le début de leur rencontre.

Samuel remarque le vol des oiseaux autour d'eux, il remarque que le feu de camp est en train de faiblir entre eux.

La femme finit pourtant par répondre :

— Nous étions perdus. Et quand vous n'êtes plus connecté à rien, vous tombez en chute libre. Se connecter à la Nature s'est révélé être la meilleure façon de ne pas se perdre… puisqu'il n'y a rien de plus lent, d'immuable et de bienveillant que la Nature. Dans la

Nature, tout naît, grandit et meurt et ce n'est jamais un drame.
Nous devrions accepter de suivre la même trajectoire.

Samuel sait ce qu'Augustine est en train de faire. Elle pense partager une sagesse très profonde et à la valeur inestimable. Il n'en a pourtant rien à faire. C'est du bla-bla qui n'a aucune prise sur lui. Ce n'est pas ce qu'il était venu entendre.

Il veut de l'espoir… il veut vivre… il ne veut pas une philosophie de vie qui lui fasse accepter la mort. La mort est la dernière chose à laquelle il veut penser.

Augustine poursuit :

— En fait, la solution… c'est de ne pas chercher de solutions.

Cette phrase en est trop pour Samuel qui se lève d'un bond et qui grommelle de manière presque inintelligible :

— Je dois partir.

Puis il rebrousse chemin. Ses jambes le portent à peine, il a l'impression de marcher dans du coton, que ses jambes pourraient céder sous son poids à tout instant.

Il s'assoit alors à l'orée du campement.

Le Refuge… le Refuge… ce nom lui semble mensonger. S'ils avaient été honnêtes, ils auraient appelé cet endroit le Mouroir. Un lieu où l'on vient pour accepter de mourir.

Est-ce qu'il a vraiment trouvé une cité qui répondrait à tous ses espoirs ? Est-ce qu'il ne s'est pas menti à lui-même en pensant que la solution se localisait à quarante-cinq kilomètres de la frontière italienne ?

Plusieurs personnes marchent à quelques mètres de lui en le dévisageant avec un regard interloqué. Le fait est qu'il connaît ce regard.

Il a déjà vécu dans un village de ce type il y a cent soixante-trois ans. Elizabeth était encore de ce monde et c'était -évidemment- l'une de ses idées que de passer des vacances ici.

C'était en Nouvelle-Zélande et ils avaient sous-titré leur expérience comme étant une « utopie réaliste ». Cette désignation faisait référence à un historien maintenant oublié qui suppliait l'humanité de reconstruire la société moderne au travers d'idées qui semblaient utopiques, mais réalisables.

Un projet de fracturation hydraulique promettait de mettre en péril l'écosystème grouillant de vie d'une forêt. Des activistes avaient décidé de s'y opposer en construisant un village de bric et de broc à l'emplacement même du projet. Et, bien sûr, Elizabeth avait pensé que cela représentait le lieu idéal pour les vacances d'un jeune couple sans enfant.

Le fait est qu'ils repartiraient de ce lieu changés. Non seulement parce que passer des nuits entières enchaînés à un arbre centenaire était un moyen puissant pour se reconnecter à sa planète, mais aussi parce qu'ils ne seraient plus jamais un couple sans enfant après ce jour. Annabel naîtrait huit mois et quelques jours plus tard. C'est également pendant ce voyage qu'ils étaient devenus végétariens. Difficile de continuer à consommer un produit animal quand un militant décide de vous exposer les conditions de vie et de mort de votre steak.

Ils avaient découvert beaucoup de choses sur eux-mêmes pendant ce séjour. Il n'y avait pas l'aspect propret de vacances à Bali où vous vous êtes ouverts à la méditation sur une plage immaculée. Leur révélation s'était faite dans la boue et les ronces, remerciant chaque jour la Nature qui leur permettait de collecter leur repas.

Ils s'étaient reconnectés à leur Nature la plus primaire de la manière la plus radicale. Il était impossible de nier son animalité quand vous étiez nus dans un étang boueux pour essayer de vous retirer la crasse des derniers jours. C'était même un miracle qu'ils aient pu concevoir un enfant dans ces conditions.

Faire l'amour avec un partenaire recouvert de plaques de boue et une forte odeur corporelle : ce n'était pas ce qu'ils avaient imaginé pour la nuit où ils allaient mettre en route leur premier enfant.

Mais « faire l'amour » était un terme beaucoup trop éloigné de la réalité. Ils s'étaient jetés l'un sur l'autre comme des animaux, ils avaient copulé, répondant à une injonction de la nature. Et il serait stupide de s'imaginer que c'était sale ou bestial, c'était tout ce que la nature avait jamais pensé pour l'homme. Ce n'est pas parce que vous vous emboîtez sur des draps de soie dans un abri de brique et de ciment, que cela ne voulait pas dire que vous n'étiez pas un animal au même titre que l'orang-outang ou le léopard.

Samuel Davis avait découvert plusieurs facettes de lui-même pendant ce voyage. Cela l'avait forcé à remettre en question pas mal de certitudes qu'il avait acquises au fil des ans.

Il avait également été aidé par la lecture d'un petit ouvrage nommé Le Petit Manuel de Déconstruction du Monde. Un homme dénommé Gaby (diminutif de Gabriel) lui avait prêté son exemplaire tout corné et usé par les lectures.

Elizabeth aussi avait changé pendant ce voyage. Comme un serpent pendant la mue, elle s'était extirpée de sa peau pour en revêtir une nouvelle. Elle semblerait plus confiante par la suite, plus sûre d'elle… comme si elle avait compris quelles étaient ses priorités pendant ce moment hors du temps.

Et même si Samuel était à l'épicentre de ce mouvement, il n'avait aucun espoir sur le fait que cela allait avoir un impact sur le monde. Il y participait pour accompagner Elizabeth… et puis parce qu'il fallait bien essayer de faire sa part.

Pourtant, parmi les personnes présentes ce jour-là dans leur campement, il y avait une future première ministre de la Nouvelle-Zélande. Il y avait plusieurs personnes qui allaient devenir les pionniers de la démocratie participative qui allait s'étendre sur la planète comme une traînée de poudre.

On allait se demander comment on avait pu laisser durer des régimes à peine plus démocratiques que la monarchie avant ce jour. La participation des citoyens d'une manière suivie et constante allait s'imposer comme une norme en l'espace d'une décennie.

Samuel s'était ainsi senti chanceux d'avoir pu assister au progrès en marche. Le monde serait définitivement dans un meilleur état quand il allait le quitter que lorsqu'il l'avait rejoint.

Cela avait toujours été l'objectif d'Elizabeth : laisser derrière elle un monde en meilleur état.

Quel était l'objectif de Samuel ? Ne jamais accepter de quitter ce monde ?

Il ne peut pas croire qu'il s'est fait avoir par la promesse d'une cité où la mort n'était pas un problème. Il avait encore espéré voir ses problèmes solutionner par un deus ex machina… mais cela ne se passait jamais ainsi dans la vraie vie.

Samuel hésite à plier bagage pour reprendre immédiatement la route de Roubion, puis le train pour Paris.

Mais que ferait-il de retour au Manoir ? Il sait précisément ce qu'il va faire : il va se mettre en quête d'une solution jusqu'au jour de sa mort.

Il se décide à rester jusqu'au lendemain matin au Refuge avant de rentrer. Il a envie de continuer ses échanges avec Augustine.

Mais avant cela, il poursuit la lecture de son livre… il est pris de l'espoir de pouvoir le terminer.

Il passe aussi de longs moments à observer les gens autour de lui, à vivre en faisant des activités simples. Ils cultivent leurs légumes, préparent le repas. Ils s'affairent à des tâches triviales et cela semble suffisant pour eux.

L'après-midi, Samuel se décide à faire une promenade en forêt. Il se plaît à contempler la Nature, à surprendre des biches ou des mulots qui détalent à son approche.

Il se demande depuis quand la Nature a peur de l'Homme. Est-ce que cela a toujours été le cas ? Est-ce qu'ils fuyaient les Peuples Primaires qui vivaient en harmonie avec eux ? Ou est-ce seulement le cas depuis la révolution industrielle qui nous a transformés en une menace pour leur survie ?

Samuel se félicite de vivre aujourd'hui dans un monde qui a réussi à stabiliser son impact sur l'environnement.

Il se souvient de l'époque où il aurait fallu quasiment deux planètes pour satisfaire les besoins de l'humanité de manière responsable. Cela signifiait que ce dépassement dans l'utilisation des ressources allait au-delà des capacités de régénération de la planète.

Maintenant, il faut tout juste une planète pour nourrir l'humanité. Et c'est dans l'ordre des choses.

Samuel se rappelle encore le jour de la signature du texte qui allait remplacer la Déclaration des droits de l'homme et du citoyen en France. Le nouveau texte s'intitulait : « la Déclaration des droits du vivant ».

L'Homme n'était plus central dans cette vision, mais le vivant. Ce qui incluait à la fois les femmes, les hommes, mais aussi le monde animal et végétal. Les nouvelles lois devaient ainsi respecter la biodiversité dans son intégralité et l'Homme retrouvait sa place à l'intérieur du vivant.

Le ciel commence déjà à s'obscurcir tout doucement et Samuel décide qu'il est plus que l'heure de rentrer. Il n'a pas envie de dormir à nouveau à la belle étoile. Pas cette fois. Surtout qu'il n'a aucune provision et qu'il a déjà faim.

En essayant de retrouver son chemin vers le camp, il se met à penser à combien il était optimiste pour l'avenir de l'humanité.

Il avait eu de sérieux doutes lors des premières décennies du vingt et unième siècle, mais une étape avait été franchie vers 2030 et il était ravi d'avoir pu y assister.

C'était une pensée curieuse que d'avoir un optimisme pour une période, tout en envisageant qu'il pourrait ne pas être là pour le voir. C'est un sentiment nouveau pour lui. Et il ne sait pas trop quoi en penser.

Samuel se prépare à l'idée de ne pas pouvoir rejoindre le Refuge à temps quand une odeur, avant de l'avoir en visuel, vient lui indiquer qu'il est sur le bon chemin. C'est une odeur de légumes grillés au feu de bois.

La deuxième chose qui lui confirme être en approche du Refuge, ce sont les éclats de voix qui se font entendre. Ce sont des paroles inintelligibles et des rires.

Il arrive enfin devant les portes du Refuge et elles sont grandes ouvertes. Il se serait attendu à trouver deux personnes les garder, mais pour quelles raisons devraient-ils surveiller l'entrée ?

De grandes tables ont été dressées au centre du camp. Il s'agit de longues tables de pique-nique où vous n'avez pas besoin de chaises, l'assise est intégrée sous la forme d'une planche de bois.

Des enfants courent entre les tables, jouant à chat perché. Le « chat » est actuellement une petite fille de quatre ans qui rit en poursuivant ses amis.

Plusieurs feux sont disséminés aux quatre coins de ce qu'ils désignent comme étant la grande place. Des hommes et des femmes surveillent les aliments en train de cuire avant de les disposer sur plusieurs grandes tables qui bordent ce qui a l'air d'être une fête.

Il remarque la présence d'Augustine sur l'une des tables et se rapproche presque timidement. Qu'a-t-il encore à lui dire ?

Elle l'aperçoit à son tour et se lève en souriant :

— Samuel ! Venez vous asseoir !

Il s'exécute sans dire un mot et une fois qu'il se trouve à ses côtés, elle lui lance :

— Je n'étais pas sûr de vous revoir… je pensais que vous étiez déjà parti.

— Je le croyais aussi, lâche-t-il immédiatement, se décidant à adopter une posture totalement transparente pendant cette conversation.

Il n'a plus de temps à perdre pour cacher ses émotions ou essayer
de ménager celles des autres. Il poursuit :

— Votre discours de tout à l'heure m'a… énervé. Cela ressemblait
à du joli bla-bla que l'on pourrait vous dire à l'église, dans un
cours de développement personnel ou dans une secte. C'est le
genre de sagesse qui ne vous aidera en rien.

Augustine ne semble pas surprise par ces mots. Elle sourit toujours
quand elle lui répond :

— Mais vous êtes revenu.

Le ton est ambivalent, cela s'apparente autant à une interrogation
qu'à une exclamation.

Il acquiesce :

— Je suis revenu.

Un homme tend un plat à Augustine qui s'en saisit : il est recouvert
de légumes grillés, des tomates, des courgettes, des aubergines, des
pommes de terre, des oignons. Elle se sert avant de déposer le plat
devant lui.

— Je vous présente Samuel, informe-t-elle les autres personnes
autour d'eux. Samuel, je vous présente Angela, Peter, Lena et
Margot.

Chacune des personnes présentées fait un signe de tête au moment
où leur nom est prononcé. Ils sont souriants, ils l'accueillent alors
même qu'ils n'ont aucune idée de qui il peut être.

Augustine commence par manger un morceau d'aubergine avant
de poursuivre :

— Samuel cherchait l'immortalité.

Les autres rient.

— Comme nous tous, s'exclame Lena avant d'avaler une gorgée de ce qui semble être du vin rouge.

— Je pensais justement que vous ne la cherchiez plus, questionna Samuel.

— Nous la cherchions, corrige Angela. Mais nous avons abandonné cette quête.

Les légumes sont délicieux, couverts d'herbes et d'épices qui les rendent encore plus savoureux.

Il est un peu moins à cran qu'au début de la conversation, et il accepte doucement de profiter de cet instant. De cette nourriture, de cette compagnie, de cette conversation.

Samuel se tourne vers Augustine qui semble avoir perçu son changement d'attitude :

— Vous ne m'avez pas demandé pourquoi j'étais revenu ?

— En effet, lâche-t-elle en souriant comme pour signifier qu'elle connaissait la réponse. Est-ce que vous voulez me dire pourquoi vous êtes revenu ?

Il hésite un instant puis se décide à parler :

— À compter du moment où j'ai appris que j'allais mourir… je n'ai fait que fuir. Je n'ai fait qu'essayer de trouver des solutions pour vivre. Mais je n'ai pas ce sentiment depuis que je suis arrivé dans cette forêt.

— Vous êtes mourant ? interroge Augustine.

La question le fait sourire puisqu'il perçoit combien sa vision était biaisée :

— Je ne suis pas à proprement parler malade, non. C'est-à-dire que j'étais virtuellement immortel grâce à ma police d'assurance… et je l'ai perdue !

Augustine semble trouver cette formulation amusante :

— Vous n'avez jamais été immortel.

— Oui, oui, je sais… mais j'en étais venu à penser que je l'étais.

— Ce n'est pas la même chose.

— Oui, je sais.

Augustine voit bien qu'elle le titille et hésite un instant avant de poser son interrogation suivante :

— Et qu'avez-vous fait de votre immortalité ?

Samuel cligne des yeux. Puis encore. Et encore. Il ressemble à un androïde qui aurait rencontré un bug. Il est soufflé par cette question puisqu'il ne se l'est jamais posée.

Il se sent bête et se force à apporter une réplique :

— Je… j'ai continué à vivre.

Il voit combien sa réponse est insuffisante. Il tente de la compléter :

— J'ai mené ma vie comme lorsque Elizabeth était encore là. Je me suis occupé de la maison, j'ai cuisiné, j'ai lu le journal, j'ai regardé la télévision, je suis allé faire les courses, je…

Plus il avance dans son énumération, plus il s'embourbe dans le sentiment d'avoir gâché de nombreuses années de sa vie.

Pourquoi n'a-t-il pas essayé d'utiliser ce temps pour écrire des romans comme il en rêvait plus jeune ? Pourquoi n'a-t-il pas essayé d'accomplir quelque chose de sa vie si longue ?

Samuel hésite à se lever en prononçant un nouveau « je dois partir » qui rendrait possible sa fuite. Mais son entourage semble percevoir qu'il a besoin de temps pour processer la révélation qu'il est en train de faire.

Pourquoi n'a-t-il rien fait de sa vie ?

Il repense spontanément à son flirt berlinois. À son incapacité à trahir la mémoire de sa femme, mais des décennies après sa disparition.

Samuel se repasse dans sa tête la phrase qu'il a prononcée plus tôt :

— J'ai mené ma vie comme lorsque Elizabeth était encore là.

Et c'était peut-être là sa souffrance. Elle était morte. Il s'était vu offrir la vie éternelle grâce à la fortune de sa défunte femme. Et il n'avait jamais réussi à accepter de la vivre pleinement.

Une larme commence à rouler sur sa joue. Il n'a jamais imaginé qu'une peine de cœur puisse durer des siècles. Mais le fait est qu'il n'a jamais su vivre sans Elizabeth. Avant ce baiser en haut de la tour Eiffel, il était un adolescent dysfonctionnel qui n'avait absolument pas compris le sens de sa vie.

Et quand il s'est retrouvé sans elle après trente-sept ans de vie commune, il retournait de nouveau dans la peau d'un homme dysfonctionnel.

La meilleure preuve se situe encore dans ces deux dernières semaines qu'il a passées presque exclusivement à l'intérieur de ses souvenirs. Mais il en avait assez ! Il ne voulait plus vivre dans le passé. Et tout laisse à penser qu'il n'avait pas d'avenir non plus.

Il ne lui reste plus que l'instant présent et il décide de le saisir.

Samuel se ressert des légumes.

Ils parlent de la vie du Refuge, du fait qu'ils n'ont jamais cherché à en faire un lieu médiatique, mais qu'ils se sont doutés que son existence serait connue un jour.

— Je pense que cela va très rapidement retomber quand ils comprendront comme vous que nous n'avons pas découvert la fontaine de Jouvence…

Samuel se verse un verre de vin et profite de voir Augustine
plongée dans une conversation avec sa voisine de gauche pour se
lever et se diriger vers l'un des grands feux.

Un homme surveille les flammes et ajoute parfois du bois. Ils
engagent une discussion qui va durer des heures. L'homme
s'appelle Conrad et avait quitté Washington pendant le mandat de
Trump avant de ne jamais y retourner.

— J'étais ravi quand Alexandria Ocasio-Cortez est devenue la
première femme présidente des États-Unis. Mais j'avais déjà refait
ma vie ici et je ne me voyais pas revenir.

— Vous avez connu Trump au pouvoir ? Vous devez être presque
aussi vieux que moi alors…

— J'ai 194 ans depuis peu. J'avais 16 ans quand il est devenu
Président. Et vous ?

— 209 ans… je…

— Ah oui ! Vous êtes le mari d'Elizabeth Perseo, le coupa-t-il. J'ai
entendu parler de vous !

Samuel grimace. À nouveau, il se trouve résumé par un mariage
terminé depuis 158 ans.

— Je vous avais vu dans un reportage sur les rares bénéficiaires
d'une police d'assurance à vie.

— Ce n'est pas votre cas ? le questionne Samuel qui avait du mal à
se figurer comment l'on pouvait atteindre l'âge de 194 ans sans
cela.

— Non, non ! J'ai travaillé toute ma vie dans de très gros postes.
J'ai très bien gagné ma vie. Même si cette expression est un peu
étrange. Je n'ai pas le sentiment d'avoir « gagné ma vie », mais
plutôt de l'avoir maintenue à flot difficilement. C'était un stress

permanent, je n'en pouvais plus. Je souffrais d'une nouvelle forme de burn out causé par cette sensation de vivre pour travailler ou de travailler pour vivre. Si je m'arrêtais même un instant, j'avais l'impression de lâcher prise et de me laisser mourir. J'en avais des crises d'angoisse.

— D'où votre arrivée au Refuge, suggère Samuel.

— Exactement, acquiesce-t-il en hochant vigoureusement la tête. J'ai compris le concept d'Abandon dans un livre d'Augustine… et je m'y suis totalement retrouvé. Il me fallait abandonner l'idée de vivre pour toujours pour commencer à vivre réellement ma vie.

Les deux hommes continuent de parler longtemps. Ils se sont découvert une passion commune pour l'écriture qu'ils ont tous les deux stoppée en étant adolescent. Conrad lui partage la trame du livre qu'il a débuté à l'âge de 17 ans et Samuel arrive à se rappeler celle d'un livre dont il n'a jamais pris la peine rédiger la première ligne.

— L'idée est bonne, le gratifie Conrad. Tu devrais l'écrire !

Samuel se met à rire. Il est flatté et amusé par la perspective de se mettre à l'écriture à son âge. Puis il voit qu'il est déjà minuit passé. On entre tout juste dans le 209 ans et 12 jours où il aurait dû se faire opérer… où sa vie ne tenait plus qu'au bon vouloir de ses organes.

Il ne peut que sourire sans réussir à formuler ce sentiment à son nouvel ami.

Samuel est tout de même surpris de voir qu'il peut fonder de nouvelles amitiés à son âge.

Il commence maintenant à fatiguer. Ses paupières sont lourdes. Il va dire bonne nuit à Augustine qui interpelle une jeune femme :

— Est-ce que vous pourriez installer Samuel dans l'une de nos chambres d'invité ?

— Bien sûr !

Elle le guide alors à distance des grands feux de camp et du bruit.

— Samuel, c'est ça ? Moi je m'appelle Yahel.

— Enchanté, lâche-t--il par automatisme.

— Vous allez rester avec nous ? lui demande Yahel.

Il n'en sait rien. L'idée lui aurait paru totalement loufoque quelques heures plus tôt, mais il ne semble maintenant plus capable de planifier quoi que ce soit qui excède les quelques heures.

— Je n'en sais rien, s'entend-il répondre enfin.

— Vous devriez, lui intime la jeune femme.

— Pourquoi ?

— Avez-vous passé un bon moment avec nous ce soir ?

— L'un des meilleurs depuis bien longtemps.

— Alors je crois que vous avez votre réponse.

Est-ce aussi simple que cela ? Il se fait la réflexion que cela devrait l'être. Il connaissait trop de personnes qui s'enfermaient dans des relations toxiques, dans des jobs mortifères… Pourquoi est-ce compliqué de poursuivre ce qui nous fait du bien ?

Ce devrait probablement être cela la vie : chercher les personnes et les situations qui vous font du bien, et tenter de les garder proches de soi le plus longtemps possible.

— Merci, Yahel, chuchote-t-il alors qu'elle lui ouvre la porte d'une petite cabane.

Puis il remarque un hamac suspendu entre deux arbres et il est pris
de l'envie d'y dormir. Il ne souhaite pas s'enfermer à nouveau
entre quatre murs. Il veut respirer l'air de la nuit.

— Je peux dormir dans ce hamac ?

Il y a peu de lumière autour d'eux, mais il distingue le sourire de
Yahel quand il prononce ces mots.

— Je ne vois pas ce qui pourrait vous en empêcher.

Samuel s'installe donc dans le hamac, sentant le vent glisser le
long de la peau de son visage. C'est agréable.

Il entend encore distinctement les voix en provenance de la grande
place. Il se fait la réflexion qu'il n'arrivera probablement pas à
trouver le sommeil avec tout ce bruit. Et il s'endort la minute
suivante.

Chapitre 14
209 ans et 12 jours

Il est cinq heures du matin quand Samuel se réveille. Il se demande aussitôt où il se trouve. Une seconde plus tard, il s'en souvient avant de sombrer à nouveau dans un sommeil paradoxal. Encore une fois, il reconnaît le rêve à l'instant même où il commence. Il est dans la rue devant chez ses parents et il se dirige vers l'épicier. La maison des Peyton est à une centaine de mètres de là et il ne peut s'empêcher de marcher dans sa direction. Il avance inexorablement vers le molosse énorme qui va se libérer à son passage pour venir le déchiqueter dans ses mâchoires.

En voyant la maison blanche des Peyton, il se rappelle brièvement le visage de leur fille. Elle s'appelait Debora et avait le même âge que lui. Ils allaient dans la même école, mais elle était dans la classe de M. Travers, le professeur le plus sévère de l'école. Samuel aimait beaucoup Debora, il la trouvait jolie et elle le faisait rire. Il avait très envie de passer du temps avec elle… mais il ne le ferait jamais.

La version officielle, c'est qu'il avait peur qu'elle le rejette, qu'elle lui dise qu'il n'est pas assez bien pour jouer ensemble. Cela lui était arrivé l'année plus tôt avec Cynthia Polweski. Les enfants peuvent être cruels dans leur ignorance.

Mais cette version officielle ne tient pas la comparaison avec l'argument officieux qui éloignerait Samuel à tout jamais de la route de Debora. La vérité, c'est que s'ils devenaient amis, il

devrait probablement aller la chercher à sa maison et qu'il
mouillerait sa culotte à chaque fois qu'il approcherait du molosse.
Il n'a pas envie de faire ce rêve à nouveau. Il a beau savoir que
c'est un rêve, il a l'impression de mourir à chaque fois qu'il le fait.
Un pied devant l'autre, il marche vers le petit portail blanc qui va
céder avec la même facilité que ses os dans la gueule du chien.
Il est maintenant au niveau du portail, il ne reste plus qu'une
seconde avant qu'il cède. Il ne cède pas. Toujours pas. Il avance. Il
poursuit sa route. Il se retourne à plusieurs reprises. Le molosse
n'est pas là aujourd'hui. Il se voit aller jusqu'à l'épicerie où il
s'achète une glace dans l'un de ces congélateurs aux couleurs
d'une célèbre marque de glace. C'est un cône pistache chocolat et
il peut presque en sentir l'arôme dans sa bouche quand il se
réveille.

Samuel ouvre les yeux pendant un bref instant avant de les
refermer. Il fait trop clair et il a besoin d'un temps d'adaptation. Il
entend le chant des oiseaux et leurs bruissements d'ailes alors
qu'ils prennent leur envol près de lui. Il écoute le « woooosh » des
arbres qui sont ballottés lentement par le vent.
La lumière filtre à travers le voile rouge de ses paupières. Il sourit
les yeux encore fermés. Il n'est soudainement plus aussi pressé de
se lever et donne du temps à son corps pour sortir de son
engourdissement.
Il commence par étirer ses jambes, puis ses bras, cambrant son dos
alors que différentes articulations craquent.

Il bâille et sent ses yeux s'emplir de lubrifiant lacrymal (il se refuse à nommer cela des larmes puisqu'elles ne sont pas causées par une quelconque tristesse).

— Vous avez bien dormi ? lui demande une voix féminine.

Il ouvre enfin les yeux et cherche un bref instant avant de découvrir le visage de Yahel. Il se rend d'ailleurs compte qu'il la voit réellement pour la première fois ce matin à la faveur de cette lumière matinale bien plus abondante que cette nuit.

Il devine qu'il ne s'agit pas d'une « jeune » femme comme il l'a cru la veille. Sa peau et son corps sont dans un très bon état, mais quelque chose dans ses yeux la trahit. Yahel est bien plus âgée que son corps ne le laisse présager.

— J'allais faire du café. Vous en voulez ? lui demande-t-elle.

— Avec plaisir !

Le temps que Samuel aille soulager un besoin naturel dans l'une des cabines prévues à cet effet, le café est prêt.

— Qu'allez-vous faire aujourd'hui ? lui demande Yahel en lui tendant une tasse.

— Merci, répond-il en récupérant le breuvage. Je n'en ai aucune idée.

Sa réflexion de la veille au soir émerge de son esprit : et si la vie, c'était juste de chercher les personnes et les situations qui vous font du bien ?

— Je vais peut-être rester pendant encore quelques jours si cela est possible, lâche-t-il alors.

— Je ne vois pas pourquoi cela ne serait pas possible.

Il vide sa tasse et se lève.

— Je dois appeler quelqu'un, annonce-t-il avec une hésitation dans la voix.

— Je… je vous en prie.

Samuel s'éloigne. Il a besoin de parler à quelqu'un de sa famille, mais il ne sait pas très bien à qui. Pour un motif qu'il ignore, il ne se sent pas d'appeler en premier Amelia, Isaac ou Rosa par exemple. En fait, il sait pourquoi : ils ne comprendraient pas sa décision et essayeraient de le ramener à la raison. Sauf qu'il ne s'est pas senti aussi clair avec lui-même depuis bien longtemps.

Il sait qui appeler : Alexia. Elle lui avait demandé à emménager avec lui dans le manoir l'année dernière et cette idée était réapparue dans son esprit quand il avait visité la maison à Roubion où plusieurs générations vivaient ensemble.

Il énonce calmement :

— Appeler Alexia.

Le téléphone affiche immédiatement le visage de son arrière-petite-fille l'air inquiet.

— Bonjour, Samuel ! Tout va bien ? répond-t-elle dans un souffle.

Comme si, forcément, s'il l'appelait c'était que cela n'allait pas.

— Oui, oui, je vais bien, lâche-t-il aussitôt. Tout va bien.

Elle peut certainement apercevoir la forêt derrière lui et elle demande :

— Où es-tu ?

Il faudra qu'il se souvienne de ne pas automatiquement appeler en visio : cela ne fait qu'amener toujours plus de questions. Mais, fidèle au sentiment de ne plus avoir à mentir, il lui explique :

— Je suis dans le sud de la France. Dans les Alpes-Maritimes. J'ai rendu visite à une communauté qui pouvait m'aider dans mon questionnement actuel.

Il perçoit combien ses réponses ne font qu'appeler plus d'interrogations encore et il décide de poursuivre dans son élan pour ne pas lui en laisser le temps :

— Tu te souviens de la conversation que nous avions eue à mon anniversaire ? À mon 208e, sur la possibilité pour vous de venir habiter au manoir.

Le sujet pique suffisamment son intérêt pour éclipser sa curiosité.

— Oui je m'en souviens évidemment.

— Est-ce que vous seriez toujours partants ?

La situation ne s'est pas améliorée pour Alexia, son mari Tristan, et leurs enfants Noah, Eva et Layla. Ils sont toujours dans la situation de tant de personnes ayant suffisamment les moyens pour se lancer dans une course à l'immortalité, mais pas suffisamment pour que cela se fasse sans douleur.

— Oui, bien sûr ! clame-t-elle avec un peu trop d'entrain.

Cela fait rire Samuel qui lui poursuit :

— Dans ce cas, vous pouvez faire vos bagages dès aujourd'hui et emménager dès que vous êtes prêts.

— Mais toi, tu nous rejoins bientôt ?

Il ne sait pas comment répondre alors il lui dit :

— Je n'en sais rien. J'imagine, oui.

Une pause s'installe entre eux deux. Il complète :

— Mais dans tous les cas, les papiers de la maison seront également à votre nom d'ici à ce soir. Le manoir sera à vous.

Une ombre retourne obscurcir le visage d'Alexia :

— Tu es sûr que cela va bien ? Tu es m… m… malade ?

Inutile de tergiverser, il est évident que le premier mot qui lui avait traversé l'esprit était mourant.

— Non, non… tout va bien. Rien de nouveau depuis la dernière fois.

— OK, son ton est mal assuré.

— Je dois y aller… mais tu n'hésites pas emménager quand tu le souhaites. Tu as toujours la clef que je t'avais laissée ?

Elle plisse les yeux. Soit elle ne souvient plus avoir de clef, ou bien elle ne sait plus où la localiser.

— Oui, oui, je dois l'avoir.

— Bien, passe une bonne journée, Alexia. Prends soin de toi… je t'aime !

Ces mots sont sortis avec une facilité déconcertante de sa bouche, alors même qu'il ne les a probablement jamais prononcés à l'égard d'Alexia. Les avait-il seulement utilisés une seule fois depuis la mort d'Elizabeth ? Il n'en était pas sûr.

— Je… je t'aime aussi, Samuel.

Elle le dit comme si elle découvrait les mots au fur et à mesure qu'ils sortaient de sa bouche.

Il sourit, puis raccroche.

Est-ce qu'il se sent d'appeler quelqu'un d'autre ? Définitivement pas. Il est fatigué mentalement rien que d'avoir eu cette conversation.

L'odeur du petit déjeuner en préparation arrive comme la bonne nouvelle qui allait lui permettre de refaire le plein d'énergie.

Il se met en mouvement vers l'odeur pour se retrouver à l'exact même endroit que la veille au soir.

Le petit déjeuner va d'ailleurs se composer à 90% des mêmes
ingrédients que le dîner de la veille. Il est absolument inconcevable
de jeter autant de bonne nourriture.

Il y a juste deux hommes qui préparent une très grande omelette en
cassant une vingtaine d'œufs dans un saladier. Ils y ajoutent du
fromage râpé de chèvre qui vient d'une ferme un peu plus haut et
Samuel se met à saliver.

Il a faim. Il attrape une assiette et commence à la remplir en
attendant que l'omelette cuise.

C'est le même repas que la veille au soir, mais aussi les mêmes
convives. Il voit donc Conrad se diriger vers lui avec les yeux
encore bouffis de sommeil.

— Comment ça va, camarade ?

— Ça va ! J'ai dormi dans un hamac.

Sa réponse est sortie toute seule et il se rend compte seulement une
fois prononcés que ces mots semblent sortir tout droit de la bouche
d'un enfant.

Conrad commence par rire, puis son rire se transforme en une toux
grasse.

— Je l'ai fait aussi une fois ou deux… l'air pur, les étoiles… mais
j'ai arrêté dès que j'ai compris que les avantages n'équilibraient
pas avec l'inconvénient d'avoir le dos en compote pendant les
jours suivants.

Samuel hésite à se vanter qu'il a beau avoir 209 ans, il a
l'impression d'avoir dormi sur un gros matelas. Mais là encore, ces
mots sortiraient comme la taquinerie d'un adolescent.

— Quoi de prévu aujourd'hui ? lui demande Conrad.

De nouveau, il doit avouer n'en savoir rien.

— Je crois que j'ai besoin de passer un peu de temps avec moi-même aujourd'hui. Ne pas simplement m'occuper l'esprit, mais occuper mon esprit… dans le sens, être totalement présent pour comprendre où j'en suis.

Un large sourire fend le visage de Samuel pour la simple raison qu'il est fier de sa formulation.

Conrad ne semble pourtant pas avoir remarqué son trait d'esprit et lui demande en faisant mine de partir :

— Tu veux que je te laisse prendre le petit déjeuner seul ?

— Non, non ! Pas du tout ! Je voulais dire que je vais prendre du temps dans la journée… mais cela ne veut pas dire que je dois être seul toute la journée.

Il lui décoche un clin d'œil.

Il est de bonne humeur et il n'arrive pas encore à comprendre exactement pourquoi.

Ils s'assoient donc tous les deux sur l'une des tables de pique-nique utilisée la veille. Par automatisme, ils semblent être retournés à la même place qu'ils ont occupée lors du dîner.

Ils avalent leur petit déjeuner sans trop se parler, quand soudain Samuel se rend compte que Conrad lui a demandé ce qu'il allait faire de sa journée, mais il n'a même pas eu la politesse de renvoyer l'intérêt et le questionner sur ses plans :

— Et toi ? Quelque chose de prévu aujourd'hui ?

— Oh oui, lâche Conrad en souriant. C'est jour de lessive aujourd'hui. Et comme nous n'avons évidemment pas de machine à laver et de sèche-linge, je vais aller à la rivière plus bas pour la faire. Je prendrai probablement un bouquin pendant que le linge sèche. Avec un peu de chance, quelqu'un voudra se joindre à moi pour que l'on puisse discuter ou jouer aux cartes.

— C'est un beau programme.

Et aussi surprenant que cela puisse sembler, il était sincère. L'idée de faire sa lessive à la rivière était un concept antédiluvien, mais cela apparaissait comme une activité apaisante. Rien à voir avec la manière qu'il avait de faire la lessive : jeter les vêtements dans la gueule de la machine à laver, verser quelques centilitres de lessive et mettre un programme court pour pouvoir transvaser ses habits dans le sèche-linge le plus rapidement possible. Et tout cela généralement au milieu d'une liste de choses à faire.

Samuel ajoute :

— Si je n'avais pas prévu de décrypter les mystères de la vie, je serais venu avec toi.

Ils rient. Maintenant qu'il en a tant parlé, il a très envie de s'y mettre. Il se lève donc dès qu'il a terminé sa tasse de café et son assiette pour quitter le Refuge et s'enfoncer dans la forêt.

Il a parfaitement conscience du fait que l'activité qu'il s'apprête à réaliser aurait pu se faire n'importe où. Il aurait pu rester à la table du petit déjeuner, retourner dans son hamac, ou même faire le trajet pour rejoindre le manoir. Mais le fait de marcher dans la Nature pour se lancer dans cet exercice, lui semble aussi logique qu'autrefois il se rendait au bureau pour travailler.

Bien sûr, le télétravail allait balayer cette conception… mais il y a certaines choses qui sont plus faciles à faire dans des lieux bien spécifiques.

De la même manière, s'il est possible de prier les mains jointes sur son lit, jamais un croyant ne sera mieux connecté à son Dieu que depuis son lieu de culte… que ce soit une église, une mosquée, un temple.

Samuel ne croit plus en Dieu depuis bien longtemps… mais il a senti le besoin de se mettre en quête de son lieu de culte final. Trouver l'endroit exact où il serait en mesure de faire ce travail d'introspection pour définir ce que serait le reste de sa vie.

Il marche pendant près de vingt minutes avant de repérer un très grand arbre à la périphérie de son œil droit. Son tronc est sombre et large, l'arbre doit avoir plusieurs centaines d'années. A-t-il été planté là il y a exactement 209 ans et 12 jours ? Ce genre de hasard cosmique aurait fait sourire Samuel, mais il ne pourrait jamais le savoir.

La vérité, c'est qu'un écureuil avait enterré une noisette à cet emplacement pour la récupérer en cas de faim. Quand il était revenu bien plus tard, la noisette avait déjà germé. C'était il y a près de trois cents ans. Et trois siècles plus tard, Samuel a le regard attrapé par ce noisetier géant et il décide de s'asseoir à sa base pour méditer. Il époussette le sol pour retirer quelques branches mortes avant de poser son dos contre son tronc.

Il peut sentir son écorce dure imprimer sa marque entre ses omoplates.

Par quelle pensée débute-t-on la réflexion la plus compliquée de sa vie ? Cela serait trop de pression que de commencer ainsi. Il décide donc simplement de rester immobile, de regarder les arbres, de respirer profondément cet air à l'odeur si caractéristique de bois, de terre, de feuilles en décomposition.

Il est ainsi heureux de vivre dans une ère où la chasse a été définitivement interdite. Il aurait détesté entendre des coups de feu à cet instant précis.

Mais mettre à mort un être vivant, n'importe quel être vivant, était désormais interdit par la loi. Cela allait immédiatement reléguer la chasse au rang des activités qui allaient peupler le musée de la honte avec l'esclavage, le mariage forcé des jeunes filles, la ségrégation ou les inégalités hommes femmes des années 2000. Samuel sourit à l'idée que sa première pensée aura été pour les chasseurs. Mais ce n'est pas si stupide que cela après tout. Il se rend compte être reconnaissant de la période où il aura vécu sa vie. Il a vu le monde changer.

Il n'a pas vécu l'ignorance du 19e siècle, sa violence, ses épidémies, ses inégalités criantes entre des classes et des sous-classes d'humanité.

Il n'a pas non plus vécu l'arrogance du 20e siècle, ses guerres, son exploitation de la Nature jusqu'à mettre en péril l'humanité elle-même.

Non, il a vécu le 21e siècle et même le 22e siècle… et si la vie lui accorde encore quelques années, il pourra inaugurer le 23e.

Il a vécu la prise de conscience du 21e siècle, la compréhension du besoin d'un nouveau modèle, son évolution très lente vers celui-ci. Quand il avait trente, trente-cinq ans, Samuel Davis avait eu l'impression que rien n'avançait. Que les pouvoirs politiques et économiques restaient sourds à l'urgence et qu'ils allaient droit dans le mur. Le changement avait pourtant été amorcé et le paquebot civilisationnel allait mettre le cap vers de nouveaux rivages.

Il a ensuite connu la quête de sens du 22e siècle. Pour quoi se
battre quand vos combats semblent avoir été gagnés ? Depuis des
millénaires, les inégalités, les guerres, et l'urgence climatique,
avaient offert un front pour se battre pour l'avenir de nos enfants.
Que se passe-t-il quand l'on atteint la fameuse « fin de l'histoire »
prophétisée trop tôt en 1990 ?

Cela aurait dû être une quête de sens, une réflexion profonde de ce
que l'on voulait maintenant réaliser en tant que civilisation. Mais
ce moment a été happé par la course à l'immortalité. Quand vous
savez que la vie éternelle est à votre portée, vous ne pouvez pas
penser à autre chose. Cela semble naturel de vouloir être immortel.
Personne ne veut mourir.

La pauvreté extrême n'existait plus alors on avait créé une
nouvelle pauvreté. Puisque tout le monde avait les moyens de se
nourrir jusqu'à la fin de sa vie, on avait changé les règles du jeu.
Plus personne ne voulait mourir à 80 ans. Dans l'esprit des gens,
c'est avoir une demi-vie. Ils se tuaient ainsi à la tâche pour se
permettre d'être augmentés. La nouvelle pauvreté, c'est de mourir
à 80 ans.

Mourir à 30 ans, c'était tragique dans les années 2000.

Aujourd'hui, c'est tragique de mourir à 80 ans.

Maintenant il se rend compte que cela avait été une erreur.

Quand on croit qu'une chose sera toujours là, on ne la remarque
plus. C'était arrivé avec une chose aussi triviale que la table de la
salle à manger qu'ils avaient depuis quinze ans avec Elizabeth. Ils
mangeaient dessus, ils s'y assoyaient pour travailler, parfois pour
lire, pour accueillir un invité. C'était un élément du mobilier et il
n'y pensait pas.

Elizabeth décida un jour de la remplacer par une nouvelle table plus moderne. Et quand il apprit cela, ce fut un choc. Il passa sa main sur le bois de la table comme s'il caressait une maîtresse en secret. Il avait vécu tant de choses avec elle… comment imaginer de la jeter ?

Elizabeth céda pour qu'elle rejoigne une autre pièce où Samuel voulait installer un bureau et il n'alla plus jamais s'en servir. Elle était de nouveau devenue un élément de mobilier.

Avec sa vie, c'était pareil. Il la chérissait jusqu'à ce qu'on lui promette l'immortalité.

Puis il était difficile de donner une valeur à quelque chose qui serait toujours là.

En fait, c'est faux. Il n'avait jamais chéri sa vie de cette manière-là.

Il se rappela soudainement une phrase dans un film qu'il n'a plus vu depuis ses vingt ans :

— Est-ce que ce n'est pas cela être jeune ? Croire secrètement que vous serez le seul dans l'histoire de l'humanité à vivre éternellement.

Et c'était vrai ? Qui veut penser à la mort ? On repousse cette idée de manière irrationnelle, n'en parlant jamais, faisant tout pour ne jamais y penser.

De fait, avant même que son corps débute son voyage vers l'immortalité, il vivait déjà comme s'il ne pouvait pas mourir. Avec le recul, il se rendait compte qu'il n'avait pas suffisamment profité des premières années de ses enfants, immergeant ses pensées dans le travail, dans ses hobbies, juste pour avoir l'impression d'être bien occupé.

S'il s'était donné plus de temps pour s'ennuyer, peut-être qu'il aurait compris que la vie est courte et qu'il était de son devoir de chérir chaque journée… d'en faire quelque chose dont il soit fier plutôt que de simplement laisser écouler les journées comme les grains d'un sablier.

Samuel arrive alors au moment le plus effrayant de sa réflexion. Après avoir divagué sur le passé, il doit s'obliger à penser au présent et éventuellement à l'avenir. Maintenant qu'il a fait un post-mortem de sa vie jusqu'à ce jour… que devrait-il faire à partir d'aujourd'hui ?
Écrire.
Cette pensée s'impose à lui comme une évidence. Et il la repousse aussitôt avec les mêmes arguments qu'auparavant. Sa vie est terminée. Son compteur affiche très certainement 99% et il n'aura jamais le temps de rédiger le moindre manuscrit dans le temps qu'il lui reste.
Mais il pense soudainement à une discussion qu'il avait eue avec Elizabeth peu de temps avant sa disparition.
— Pourquoi tu fais toujours taire tes instincts ? Si c'est la première chose qui t'est venue à l'esprit… c'est probablement important.
Il s'oblige alors à observer cette idée sans la juger.
Il n'a vraisemblablement pas le temps d'écrire un roman, mais dans ses souvenirs, il s'agit de l'activité qui le rendait le plus heureux. Il adorait laisser courir ses doigts sur le clavier et regarder les phrases se former au fur et à mesure que son cerveau les concevait. Il ne connaît pas de sentiment plus gratifiant que d'exhumer une histoire comme un archéologue mettrait à jour le

squelette d'un dinosaure, en ayant l'impression qu'il a toujours été là et qu'il n'avait fait que mettre en mots une histoire qui existait par elle-même.

Rien que d'y penser, il a envie d'écrire là maintenant. Et si personne ne le lisait, cela n'aurait aucune importance. Puisqu'il l'aurait écrit… et que le simple fait d'accoucher d'une histoire était une sensation suffisante pour le justifier.

Et qui sait, peut-être pourrait-il écrire un roman-feuilleton, trouvant un éditeur prêt à éditer ses histoires morceau après morceau, le payant suffisamment pour rester en vie et écrire la suite.

Il repousse pourtant cette idée pour l'instant. Ce n'est pas ça la finalité du projet. Il ne veut pas retourner dans cette course à l'immortalité. Il veut juste apporter du sens à ses derniers jours. Qu'ils soient au nombre de cinq ou de cinq cent mille.

Il sait spontanément sur quoi il va écrire. Il s'agit d'une idée qu'il avait eue à l'université et qu'il n'avait jamais eu le temps (ou jamais pris le temps plutôt) d'explorer. Il allait raconter l'histoire d'une famille américaine sur cinq générations. La première débuterait en 1784 avec un homme d'une tribu des Peuples Premiers, les fameux indiens qui se sont fait décimer par des colons qui souhaitaient s'approprier leurs terres. Il tomberait amoureux d'une esclave amenée par ces mêmes colons et la deuxième génération suivrait l'histoire de leur fille, qui ferait face à la ségrégation. Son propre enfant se retrouverait embarqué dans le combat pour l'égalité entre hommes et femmes… tout cela pour arriver jusqu'à la cinquième génération qui suivrait la lutte pour la protection de l'environnement.

Il adorait cette idée puisqu'elle permettait de montrer les liens entre chacun de ces combats, elle offrait de la hauteur, une nouvelle perspective. C'était ce qui manquait cruellement à sa génération : sortir du quotidien pour prendre de la hauteur sur les évènements. S'il l'avait fait plus tôt, il serait probablement en train d'écrire son vingt-deuxième roman.

Il comprend maintenant pourquoi il s'était autant plongé dans le passé pendant ces derniers jours. Il fuyait le présent et l'avenir en se réfugiant dans le passé… persuadé qu'il n'avait que cela. Mais s'il continue à raisonner ainsi, en se disant qu'il est trop tard pour faire ceci ou cela, il peut aussi bien creuser un trou et s'y allonger. Il n'est jamais trop tard pour changer le cours de sa vie… même quand on a le sentiment de s'être déjà bien engagé dans une voie.

Il se remémore une nouvelle fois son voyage dans le parc de Yellowstone avec Elizabeth. La réalisation de l'immensité de l'univers et de la petitesse de sa propre existence. Quand vous observez les milliards d'étoiles, quand vous pensez au fait que notre planète ne sera pas éternelle, qu'elle sera un jour lointain happée par l'explosion de notre soleil, rien n'est suffisamment important pour gâcher sa vie par le stress ou le remords. Personne n'est jamais immortel, même les grands pharaons d'Égypte qui pensaient marquer l'Histoire à tout jamais ont été oubliés. Samuel Davis sera oublié et il est en accord avec cela.

Samuel Davis se lève, il époussette son pantalon et s'étire. Il est prêt à rentrer.

Aujourd'hui, il a 209 ans et 12 jours et il vient d'accepter l'idée qu'il va mourir.

Postface

Pour ceux qui ont déjà lu #Maria2024 ce ne sera pas une surprise, mais j'ai décidé de terminer chacun de mes romans par une "Postface" qui me permet de m'adresser directement à mes lecteurs.

Je dois d'abord vous remercier de m'avoir donné ma chance parmi les millions de livres que vous auriez pu décider de lire.
Je me sens incroyablement chanceux d'être lu et de pouvoir engager des conversations avec des lecteurs. Après avoir passé deux décennies à écrire des textes qui n'étaient lus que par le cercle familial, c'est très étrange de savoir mon livre dans les mains de connaissances et d'inconnus. Surtout que les retours ont été plus qu'enthousiasmants.

209 ans et 12 jours a été écrit en 2020, à une époque où je voulais encore tenter de lui trouver un éditeur. Résultat, le livre a attendu sur mon ordinateur. À l'approche de l'élection présidentielle américaine de 2024, il m'a semblé plus pressant de publier #Maria2024. Je suis pourtant heureux de pouvoir le sortir enfin.

Je me rappelle encore la lecture d'un numéro de la revue Usbek & Rica sur le transhumanisme qui allait m'inspirer ce récit.
Mais alors pourquoi écrire sur ce sujet ?
J'ai toujours trouvé que ce sujet était souvent traité de manière trop déconnectée du réel, trop technocentré. Je voulais prendre ce thème fréquent dans le monde de la SF, mais en montrer la réalité beaucoup plus terre à terre, plus humaine.
Il serait facile de dire "oui" à la vie éternelle sans pourtant se questionner sur les implications concrètes de ce concept. Je voulais donc imaginer à quoi l'immortalité pourrait ressembler sans trop m'écarter de notre société actuelle.

C'est aussi la raison pour laquelle ce roman ressemble aussi peu aux récits d'anticipation ou de science-fiction classique. Pour moi, ce roman renferme avant tout une histoire d'amour.

Si vous avez apprécié ce roman, n'hésitez surtout pas à laisser un commentaire sur la plateforme où vous l'avez acheté, c'est primordial pour me permettre de lui trouver d'autres lecteurs.
Si vous ne l'avez pas aimé, je veux bien échanger directement avec vous pour comprendre ce qui vous a déplu. Bref, n'hésitez pas à m'envoyer un mail sur valentin@terra-incognita.io

Je vous donne maintenant rendez-vous en septembre pour mon
prochain roman. Le premier tome d'une saga de science-fiction qui
devrait en compter six ! J'ai tellement hâte de vous le faire lire
aussi.
Merci encore pour votre soutien et à bientôt.

Le 16 mai 2024 à Saint-Leu-La-Forêt

Valentin Pringuay

www.ingramcontent.com/pod-product-compliance
Lightning Source LLC
Chambersburg PA
CBHW051251250726
48656CB00004B/1229